立刻改变1亿上班奴的命运

凭什么年薪100万?

三个月成为职场骨干的超实用秘诀

[韩]具本亨/著　　李舟妮　康英姬/译

湖南文艺出版社
HUNAN LITERATURE AND ART PUBLISHING HOUSE

图书在版编目（CIP）数据

凭什么年薪100万 /（韩）具本亨著；李舟妮，康英姬译 .
—长沙：湖南文艺出版社，2011. 1
ISBN 978-7-5404-4719-9

I. ①凭⋯ II. ①具⋯②李⋯③康⋯ III. ①成功心理学 – 通俗读物
IV . ① B848.4–49

中国版本图书馆 CIP 数据核字（2010）第 243446 号

版权登记号：图 18–2010–315
上架建议：社科 · 职场励志

凭什么年薪 100 万

作　　者：（韩）具本亨
译　　者：李舟妮　康英姬
出 版 人：刘清华
责任编辑：唐　明　张　璐
策划编辑：柳絮恒　童丽慧
版权支持：辛　艳
版式设计：李　洁
封面设计：韩　石
出版发行：湖南文艺出版社
（长沙市雨花区东二环一段 508 号　邮编：410014）
网　　址：www.hnwy.net
印　　刷：北京鹏润伟业印刷有限公司
经　　销：新华书店
开　　本：880 × 1230　1/32
字　　数：150 千字
印　　张：6
版　　次：2011年 1 月第 1版
印　　次：2011年 1 月第 1次印刷
书　　号：ISBN 978-7-5404-4719-9
定　　价：24.00 元
（若有质量问题，请直接与本社出版科联系调换）

像狮子一样去生活

我曾做过这样一个永生难忘的梦。在梦中，我是一只骆驼。我和周围许许多多的骆驼一样，默默地屈膝趴在地上，任人们在我的驼峰上装载行囊。

当行囊全部装载完毕之后，那长满络腮胡、戴着穆斯林头巾的边疆汉子就牵起缰绳，把我们一只只地拉起来。沉重的行囊压得我大腿上的肌肉阵阵颤动，但所幸我是一只身强体壮的年轻骆驼，即便背负着超重的行囊，我依然能迈着坚实的步伐向沙漠前行。

就这样，我们成了沙漠中的大篷车，穿过黄沙弥漫的座座沙丘。终于，在经过几片绿洲和几次风暴之后，我们这一群骆驼从壮年走向了老年，渐渐失去了力气。我眼看着同行的骆驼一只只倒下，人们把它们背上的行囊转移到了另外一些年轻骆驼的背上。接着，当我再次经过绿洲，迈开疲惫不堪的双腿前行时，意想不到的事情发生了。

那是一个满天繁星的夜晚，雷鸣和骤雨在夜空中不断交替。突然，一阵雷电对我喊道："轮到你了，你逃不掉了。"我倒下了。人们解开了我背上的行囊，将它们转移到另外一只年轻骆驼的背上。朦胧中，我感觉到人们正在渐渐走远。喧哗的人声远去之后，世界被一片寂静所笼罩。我明白，我已经被抛弃。一阵绝望之后，我开始失去意识。但就在这时，一道闪电划过了我的身体，刺眼的闪光让我再次惊醒。

我变成了赛伦盖蒂草原上风一样飞驰的狮子。我的背上什么行囊也没有。我看见太阳正从草原的东方缓缓升起，黎明的曙光灿烂夺目。在度过一个悠闲自在的白天之后，火红的太阳又慢慢落下了。随着草原被夜色覆盖，我知道狩猎的时刻到来了。对于休息了足足20小时的我而言，打猎不过是一场有趣的游戏。是的，我现在已经是四脚站立的动物中最凶狠又最仁厚的王者——狮子。

尼采曾经将生命的前半部分称为“骆驼的人生”。因为在人生的前半部分，我们经历了漫长的学生时代，又步入了崭新的成人世界，并渐渐开始懂得如何去履行作为人的责任，这个阶段的人就如同一只背上载满行囊的骆驼。“你不这样做就绝对不行”——是这个阶段的人生法则。但是在接下来的时间里，在被称为“人生”的沙漠中，一只骆驼死去了，一只狮子诞生了。狮子那潇洒恣意的生命新篇章拉开了序幕。

当然，并不是每一个人都能在后半生里过上狮子般恣意的生活。我曾经听过这样一个故事：一位女子被两辆货车夹在中间，九死一生。幸存下来之后，那位女子翻然醒悟，过上了全新的生活。这就是一种自我革命，如同那摆脱沉重包袱、重生为自由之狮的骆驼。“按你喜欢的方式去生活”——这是这一时期的生存法则。只有过去彻底死去之时，你才能获得重生。如果没有经过改变的阵痛，人生就不会有质的飞跃。

目前看来，大部分的职场人已经将1/4的人生投入到了接受教育中。现在，他们又将另外1/4的人生投入到了组织活动中，过着如骆驼一般任人摆布的生活。而他们之中大部分的人，很快将会在人生的中期里或早或晚地离开公司，将剩下1/4的人生消耗在对社会的埋怨中。只有在人生仅剩下最后的一个1/4时间里，他们才会在大彻大悟之中度过冷冷清清的晚年。我坚信，这样的人生轨道需要有所改变。

我的研究是为那些至今都如骆驼般生活的职场人而准备的。15名职场人士和个体经营人士参与了本次研究，并提供了自己的个案。我们按照“必杀技训练法”的步骤，收集了每一个志愿者的工作和特长领域，并试图在此基础上为他们寻找终生职业。本书的目的非常明确，那就是帮助那些希望在人生的后半段成为

"狮子"的人们早日实现梦想。祝愿天下所有的职场人都能从现在开始做好准备，尽早摆脱骆驼般疲惫的生活，完成人生的完美转型。

目 录
CONTENTS

凭什么年薪100万

如果现在着手将你的工作细分为20个部分，你就会发现你能做的事情还真不少。在这些事情中寻找你真正喜欢并擅长的事吧！

必杀技第四步 锻造 成为年薪100万精英不是梦

如果你已经找到足以发展为终生事业的领域，就集中精力做那些可以让你离该领域更近的事情。当你亲手画下栩栩如生的未来蓝图之时，你就会发现你的梦想已经靠岸。

导读

本书是一本必杀技教程。职场人通过阅读本书，将会懂得如何有效利用每天所从事的日常工作，来创造专属自己的特长。读者只要按照各章节介绍的方法进行实践，就能领悟练就必杀技的独门秘诀。

希望读者在按照本书实践的过程中，抱着“玩游戏”而非“交作业”的心态。要把本书想象成一场改变自己的“创新游戏”，一场改变消极工作的“战略游戏”，一场把今天当做生命最后一天的“实践游戏”。

光凭阅读是很难掌握必杀技的，一定要经过实际训练才能领悟其中奥妙。在本书中，带★号表示需要读者亲身实践的部分。如果跳过这些★部分，本书的效果将大打折扣。

此外，★的个数象征着实践的难易程度。★表示10分钟以内可以完成的简单任务；★★表示30分钟内可以完成的任务；★★★表示难度较高的任务，需要花费1小时左右的时间认真去做才能完成。

在本书的阅读过程中，读者最需要注意的一点就是要转换意识，要将各种课题与任务看做创造性游戏。此外，打破顽固的惯性思维也是非常重要的。

“凭什么我们就不能凭借热爱且擅长的事业为生呢？”

作者的话

写给期望年薪100万的你

第一条建议
最划算的投资就是自我投资

曾经有人这样问："怎样才能在股市中赚到100亿呢？"

对于这个问题，一位著名的投资专家幽默地回答："拿200亿去投资。"

人们总是喜欢关注一些一夜暴富的事例，一听说有人投机赚了大把银子就心驰神往。而我喜欢把这些一夜暴富的投机者称为"凤毛麟角"。凤毛虽美，却不是实实在在的肉体。也就是说，能在股票投资中获得暴利的人只是极少数。现在人人都在投资股票，期盼能像中彩票一样获得巨额财富。但每周的彩票一、二、三等奖都是由机器决定的，人们根本无法自行操控。

而人们却固执地期盼将不可控的现实变为自己理想中的模

样。结果，这些为了成为“凤毛麟角”而争先恐后的人，大部分都血本无归。经济学家向股票投资者建言，让他们期望于竞争收益（competitive return）。所谓竞争收益就是比通货膨胀更快增长。能达到这个程度，就可谓成果喜人了。

当认为某一只股票或债券存在危险时，人们会将自己的股票交给股票专家打理。这些投资经纪人将众人的投资资金集中到一起，以共同资金的形式进行管理。这就相当于每一个人只是买入了共同资产中的小部分。然而这种所谓的共同投资却并不那么保险。如果投资经纪人买进的是信用等级较高的政府债券，那可能还相对安全一些，但如果买入的是尚未经过验证的新生股票，也许投资人就会有风险了。

既然股票风险如此之大，投资房产不就好了？但事实却是，2008年席卷全球的金融危机正是源于美国的次贷危机。日本的泡沫经济也导致了房价暴跌。在需要现金时向银行贷款用以投资房产是一种非常危险的行为。可悲的是不少人还把这当成一种绝妙的方法。

经济景气时，位于黄金地段的楼盘也许还不愁销路，然而一旦经济下滑，要想将手中的房产套现，却并非易事。房产原本就不是一两天可以做成的买卖，在现金紧缺的情况下更是如此。

本书就是为了引导读者进行更安全、更划算的投资——自身投资。投资股票和房产风险大收益少，自身投资却可以让你稳赚不亏。正如沃伦·巴菲特所说："人生就像滚雪球，最重要的是找到足够湿的雪和足够好的斜坡。"一段好的斜坡，就是当你从上往下扔一个小雪团时，越往下滚雪团就会变得越大。我希望通过这本书，让大家懂得如何在看上去坑坑洼洼、贫瘠不堪的小丘陵上识别好的斜坡，并等待一团足够湿润的好雪，进而使之成为大大的雪球。

第二条建议
你能靠什么出名

我是一个热衷改变的人。在职场生活中，我也同样不断求变，因为我相信生活总是会召唤我去不同的地方。在过去的职场生涯中，我自然而然地领悟了一个原则，那就是："为自己爱做的事去死。"这也是我长期以来所坚持的人生观。如果一个人到死都还做着一份自己并不热爱的工作，那他简直是在侮辱人生。我们不必去听这种人的任何辩解，因为他们的解释总是毫无意义。总之，一个人如果不能做自己想做的事，那他的人生就是一场失败，甚至是惨败。

即便是在相同时间内做相同的事情，也会有人做得特别出色，有人做得普普通通。不仅如此，那些做得特别出色的人还能成长为某个领域的精英，继而依靠自己的才能跻身为社会成功人士。他们会像含苞待放的花朵，在静静积蓄力量之后于某个瞬间突然绽放光彩。而剩下的那些人在漫长的职场生活中将工作当成了枯燥无味的简单重复，并逐渐沦为薪水奴隶或是“打杂高手”。最后，这些人中的大部分都在职场中惨遭淘汰，黯然退场。尽管他们的人生还没有过半，重新走入职场的机会却已近乎为零。那么，究竟是什么因素造就了人与人之间如此大的差异呢？作为一个职场的观察者和现场目击者，我经过长时间的研究后找出了症结所在，并整理得出了如下结论：

如果一份工作让你感到无法忍受，那就果断地放弃吧。不要抗拒内心那强烈的彻悟感。如果一份工作让你感到人生充满意义，那就请你不要怀疑，这份工作天生就属于你。假如你现在尚没有果断放弃的勇气，那就请你尽力做好当前的工作，并努力让自己愉快。通过这样的方法，你就能让那些曾经困扰你的日常琐事变为乐趣所在。随后你就会发现，手头的工作原来竟是你通向理想的入口。总之，只要你做好当前的工作，你就一定能找到一份值得为之奋斗终生的伟大职业。而这就是职场人必须懂得的成功秘诀。

我致力于创造一种必杀技训练法，让所有职场人在现有工作的基础上，通过整合与创造打造出专属自己的必杀技。所谓必杀技，就是一种所向无敌的职场技能，具备“不可被人取代的垄断性”。也就是说，一旦你的必杀技与他人雷同就会变得毫无价值。反之，你的必杀技垄断性越强，其价值就越高，当你的必杀技达到无人可及的地步时，你就会变得光芒万丈。在与别人拉开差距的过程中，你必须不断重视对自身的建设，将“防御的堡垒”堆砌得越高越好。

本书致力于为读者讲解修炼必杀技的具体方法。在这里我要先对职场人的现状及必杀技的修炼要领作一些介绍：

职场人占据了劳动人口的半壁江山。大部分的职场人都在做着“被安排做的事”而非“自己想做的事”。有数据表明，目前有约四分之三的职场人对自己所从事的工作不满，只有不到十分之一的职场人认为当前工作发挥了自己的全部才能。这样的统计结果令人担忧，同时又给人以鼓舞。因为对现状的不满恰恰是寻求改变的最强动力。而职场人要想改变现状，就必须先领悟一种新的工作方法，使自己在当前工作中发挥最大才能，并获得充分的满足感。

要想掌握这种新方法，需做到以下几点：第一，改变心态。从今天起把自己当做“生意人”而非“月薪奴隶”，把手头的工作当做“想要做好的生意”而非“必须完成的任务”。第二，优势经营。任何一门生意都要讲究经营战略，而经营战略的核心就是优势经营。所谓优势经营，就是从众多生意中找到自己做得最好的一种，并将大部分的资源投入其中。工作中同样需要优势经营。我们需要分析手头工作，找到属于自己的“优势领域”，并对自己有所欠缺的领域进行补充，最后打造出专属自己的具有不可替代性的“王牌领域”。第三，付诸行动。一旦确定了目标，就坚定不移地向前。新的思路决定新的习惯，新的习惯带来新的改变。到那个时候，指挥你行动的人将不再是你的上司，而是你自己。综上所述，只要你做到了这几点，练就必杀技将是水到渠成的事情。

现在正是你改变平庸人生、追求卓越的时刻。只要你立志“靠某次机会而一炮打响”，你就一定能找到合适的方法，到达一种全新的境界。要注意的是，千万不能为了修炼必杀技而放弃自己的工作。要知道，只有手头的工作才能给你修炼的空间和练习的机会。

从现在起，你需要找到一个绝佳的挑战时机，抱着“靠这次机会而一炮打响”的决心，努力凭借自己的卓越表现获得周围人的肯定。要相信总有一天，别人会衷心地称赞：“这件事再也没人比你做得更好。”

多山先生曾经在给儿子的信中这样写道：“任何人只要对一件事花够工夫，就一定能成为把那件事做得最好的人。”《三国遗事》研究领域的权威——高允机教授曾经在谈到自己的研究历程时说：“在看到《三国遗事》的那一瞬间，我就下定决心‘要靠这本书而一举成名’。”那么，现在问问你自己，你想靠什么而一举成名呢？

如果一个人一日三餐吃得饱饱的，却浪费人生，那简直就是一种不可饶恕的“玩忽职守罪”。我认为，我们每个人都应该充分发挥上天赐予的才华，并欣然履行自己所肩负的职责。只有这样才是积极正确的生活方式，只有这样才对得起我们每天在这星球上消耗的资源。

必杀技
第一步

拆分

让我们把工作“揉碎”

如果现在着手将你的工作细分为20个部分，你就会发现你能做的事情还真不少。在这些事情中寻找你真正喜欢并擅长的事吧！

找到消失的“自己”

大部分职场人之所以感到精神痛苦，皆因在工作中找不到“自己”。现在开始请你仔细地审视你的工作，看看这份工作中是否有你的存在。只要经过深入仔细的观察你就会发现，工作中必然是有“我”存在的。发现自我——这就是必杀技修炼的出发点。

千里之行始于足下。要想修炼职场必杀技，就必须先学会掌握目前的工作。在这不断重复看似枯燥的工作中，隐藏着修炼必杀技的入门诀窍。

在长期从事变化经营的过程中，我多次参与了对组织优劣程度的测评。判断一个组织是否优秀，通常需要从其管理水平、经营模式、电子系统和内部制度等多方面进行综合考量。

但在所有考量因素中产生决定性影响的因素只有一个，那就是人。其他因素诸如程序、系统、制度均可以被模仿、引进或购买，但人的品质却是不可复制的。当一个组织中有一群充满热情和创造力的人在各自的岗位上努力工作时，这个组织必然会成为一个优秀的组织。所以说，优秀的人才是一切伟大事物的基础。在深刻理解这一道理之后，我设计了两个问题，只要问完这两个问题，我就可以在最短时间内判断出一个组织是否优秀。这两个问题便是：

一、你对目前从事的工作感到满意吗？

二、你认为目前的工作发挥了你的全部才能吗？

在大部分的组织中，对这两个问题作出肯定回答的人都只占极少数。对目前工作不满、感觉自己的才能得不到充分发挥——这几乎是现今职场人的真实写照。他们尚处在“骆驼人生”的阶段，只知道履行责任与义务，得不到所谓的满足感与成就感。这不得不说是一种悲哀。

但我认为，这悲哀中蕴藏着希望。因为还有一些职场人已经隐约找到了通往“狮子人生”的光明大道。我相信，只要职场人对现阶段的工作多投入一些热情、多寻获一些满足感，就一定能成长为职场精英，在自己擅长的领域中获得肯定。为了让职场人更快找到自己的“狮子人生”，我为他们准备了更深层次的提问。

将简单问题逐渐转化为有深度的提问，这样才能获得有深度的回答。

还是先从简单问题出发吧——“你现在在哪个公司的哪个部门工作？”这实在是太好回答了。“我在韩国IBM的经营改革部”、“我在三星电子的销售部”、“我是三日会计事务所的税务部员工”、“我在KAIST的人事行政部”……答案诸如此类，非常简单。职场人甚至不需要动口就能给出答案，因为名片上已经写得一目了然。

接下来让我们进入更深层次的提问——“你在这个部门中具体做什么事情呢？”这个问题的答案肯定比刚才复杂一些。要想给出一个简短精练的回答，还需要进行一些思考。这时候，内向的人会先在脑海中整理出答案再叙述，外向的人则会罗列出一大堆事例，并谈一些自己的想法。

在教育部门工作的人也许会这样回答：“我现正负责教育经费预算，课程和教案设计，偶尔也会亲自授课，时不时还会与其他领域的专家打交道，另外还要负责确定培训场地，募集员工，设计午餐菜单，收集教学反馈意见并整理……此外，我还要负责一些琐碎的事务。”

从事化妆品销售的人也许会这样回答：“我在工作中经常需要与人交谈。我总是不失时机地推销产品，在推销过程中讲解一些知名人士的化妆手法，并拿‘不会化妆的女人’做反面教材。

当然了，有时候我也会为了业绩而在顾客面前添油加醋，把产品吹得天花乱坠。回到公司之后，我还要找管理部职员谈话，追究他们为什么没能按时发货。此外，有时候我还要拿着像模像样的报告书去找上司。"

提问到了这里千万不能就此打住，一定要延伸到更深的层次——"好的，那么这么多事情中你最喜欢做的事情是什么呢？"

你喜欢做什么事情？面对这个问题，不少人都会愣住。因为目前主流的观点是"工作中所做的事并不一定是自己喜欢的事"。我们有很多理由坚持每天上班，但众多理由中最重要的一个莫过于养家糊口了。养家糊口与个人的兴趣爱好并没有什么必然联系，所以不少人认为诸如"你最喜欢做什么"这类的问题并没有多大意义。但我恰恰认为，再没有比这更重要的问题了。因为任何成功都离不开"喜欢"和"热情"。没有人能够在自己不喜欢的事情上维持长时间的热情，也很少有人能够在毫无热情的工作中获取成功。

职场人经常因为在工作中找不到自己而失望不已。在韩国，有数百万职场人每天从事着销售、生产、总务、人事、培训等不同的工作，但真正从工作中得到满足并感觉自己的才能得到充分发挥的人却不超过10%。这一统计表明，当今职场人并没有把自己所承担的工作当做"自己的事"，这就是他们无法在工作中找到"自己"的重要原因。事实上，只要你仔细深

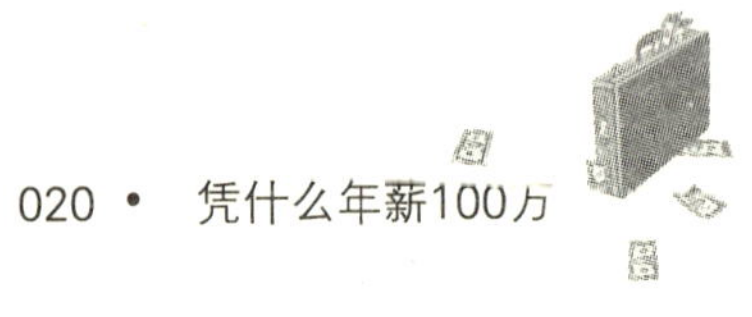

入地观察就会发现，工作中的确存在着“自己”，一个你原本看不到的自己。

小任务，大讲究

在这一阶段我们要格外注重细节。“你现在所从事的工作中有你喜欢做的事情吗？”要想回答这个问题，首先要弄清楚“目前自己究竟在做哪些具体工作”。试试将目前所负责的工作拆分为20个左右的小任务吧。这些“小任务”相当于构成工作的最小单位，我们可以将其称为“task”。现在我们可以下这样的定义：“所谓工作，就是20个左右的小任务的集合。”请注意“小任务”这个词，作为必杀技训练项目中登场频率最高的重要概念之一，它将不断出现在本书后面的章节中。

为什么要将工作拆分成一个个小任务呢？因为从现在开始，我们要对手头的工作进行分类并排序，然后按顺序依次完成。也就是说，现在起我们要从“漫无目的的简单劳动阶段”上升到“有的放矢的经营劳动阶段”。对整体工作进行细分就是经营劳动的开端。

在这一阶段，我们还需要完成一次精神层面的革命——告别“受人差遣的月薪奴隶”，摇身一变成为“将工作当做生意的经营者”。什么是生意？你每天为公司提供的行政服务、人事服务、销售服务就是你自己的生意。“我就是一个公司，我是这间公司的经营者、管理者和负责人。I, the Company.”——这就是所谓的“个体企业家”精神。所谓个体企业家，就是按合约为客户提供个性化服务的专家。个体企业家不仅指脱离组织独自工作的人，也指那些属于某个公司、仅仅为该公司提供个性化服务的人。要判定一个人是否为个体企业家，最关键的判定因素不是他的工作场所和工作性质，而是他的精神态度。也就是说，只要“把自己当做经营者，把目前所从事的工作当做生意，努力发挥自身优势为客户提供个性化服务”的人都可以被称为“个体企业家”。

在接触“个体企业家”这一概念前，我只是一个毫无抱负的“月薪奴隶”。而“个体企业家”的概念改变了我的人生。

“原来我每天所从事的工作就是我的生意。只要我把工作做到最好，公司就会希望长期由我来提供这项服务。这样我和公司之间将建立起一种非常稳定的契约关系。而我就成了与公司签订合约的最小合作单位。”在我改变想法之后，原本死气沉沉的工作竟开始恢复了生机，原本敷衍了事的工作心态也无影无踪。我开始下定决心再也不混日子，而是为成为更优秀的人而努力。也是从那个时候起，我才留神观察自己的工作。渐渐地，我开始拥有经营者的眼界和想法，懂得了如何分析“生意的优势和劣势”。我开始找出工作中做得最出色的部分，并集中力量把那些部分做得更好。

“现在你也来试试吧，找出自己为公司提供的服务中最出色的部分，并围绕那部分展开优势经营。”

首先，请仔细审视自己每天所从事的工作，并将工作内容划分为20个左右的小任务。下面的规则将帮助你把工作内容整理得更简单明了：

1. 依循PAPER法则，将核心内容一网打尽

在对目前工作进行细分时，只要记住“PAPER”法则，就能将核心内容一网打尽。

“PEOPLE”——需要与人沟通的工作。与上司、部下、同

事、顾客、其他企业职员见面时进行的所有活动都可以归类于“PEOPLE”。报告、培训、商谈、会议、销售、意见交换、辩论等工作内容均属于此类。

“ACTIVITY”——需要多人合作完成的工作。会议、聚会、测评、研讨会、PPT演说、项目管理等都归于此类。

“PAPER”——所有书面工作的总称。税务结算书、票据的处理、PPT演讲资料的制作、EXCEL报告书的制作等都归于此类。

“EVENT”——与特定活动相关的准备工作。主题设计、场所和道具安排、赞助商和VIP嘉宾的选定、专家的邀请、宣传册和广告的策划……一切与活动相关的工作都可以归于此类。

“RESEARCH”——通过查找与工作相关的书籍、杂志、网站来搜集资料，并展开测评、记录结果、咨询专家，最后研究出某种新成果或新模式的工作均属于此类。

几乎所有的工作都是以上5种行为的综合。区别不过在于有的工作包含了全部5种行为，有的工作只集中于其中某部分。现在将你手头的工作按这5种行为进行分类，就能保证整理出来的内容没有遗漏。

2. 用一个完整的句子进行概括

在将工作细分为小任务时，一定要用一个完整的句子详细

明确地概括出任务的具体内容，并且尽量多用动词。例如，“整理人事考核文件”这个短句可以改为“从相关管理人员手中接收职员的人事考核资料，保管资料并将相关信息更新到人事系统”。像这样用完整的句子来概括一个工作内容，显得非常清晰明了。

小任务是“工作中的最小单位”。如果把工作比喻成一条长河，小任务就好比一个Roll Player，它既有自己的责任范围，又牵系着全局。所以，细分小任务的作用是让我们“在细致中不忘全局”。只要掌握了将事情细分为小任务的技巧，你就能在任何工作中做到迅速理解、全面分析、轻松上手。

3. 以关键词的形式定义

概括完小任务的内容之后，最好能在句子后面加一个括号，写出任务关键词。例如，在“从相关管理人员手中接收职员的人事考核资料，保管资料并将信息输入人事系统”这个句子后面，我们可以加上括号，写入关键词“人事考核、更新”。这两个步骤可以归纳为“以句子的形式明确，以关键词的形式定义”。

众所周知，科学家们经常对一些重要词汇进行明确定义。这是因为某些概念是全世界通用的。如果将这些通用的社会科学词汇进行明确的定义，人们就能在交流过程用这些词来准确表达自己的意图。在归纳概念的过程中，最重要的是将长句子整理为简单明确的关键词，便于人们迅速理解。

如<表1>（见后文）那样将工作细分为小任务，就能很轻松地划分出工作中哪些小任务是不喜欢、做不好的，哪些是既喜欢又能做好的。从某种角度看来，职场生活与扑克牌游戏有许多相似之处。在职场中我们的任务都来自上司的分配，这就好比在扑克牌游戏中我们永远无从得知自己将获得怎样的一手牌。各位职场人现在已经是扑克牌游戏的参与者，获得了自己的一手牌。现在，必杀技第一步就是要让大家学会如何看清自己手中的牌。

在细分工作时，最好分出20个左右的小任务。如果分出的小任务太少就很难涵盖所有工作内容。大家都知道，物质分解得越小，就越能得到特性保存完好的最小分子。把细分工作想象成某种物质的分解，力求细分出特性保存最完好的小任务。只要带着这样的心态去做，你一定能将工作分成至少20个小任务。

现在关上书，用1小时的时间来完成这项工作吧。这项工作虽然不难，却是必杀技训练过程中最重要的第一步。

在必杀技第一阶段结束时，一定要保证你已经将手头的工作细分为20个左右的小任务了。细分工作大约需要1小时。一开始不必太讲究格式，逐一将自己脑海中想到的内容写下来即可。

实践游戏1 ★★★

试试对自己的工作进行细分。（1小时）

表1 环境技术开发部门 工程师的工作细分表

工作细分概要
与组员协调，制定环保经营战略，并制定详细的实践步骤（战略制定）
参考网络和政策报告书，选定合适的经营战略咨询专家和咨询机构进行合作（咨询机构选定）
研究国内龙头企业和研究机构的报告书，发掘未来市场的新技术和新概念产品（新技术、新产品发掘）
为发掘的新技术和新产业制定收益测评和产业化方案（产业化方案制定）
向经营团队报告新企划案，发表提案（报告，发表）
介绍世界知名企业的环保经营战略，为经营团队做发表（benchmark）
确保新技术在未来市场能得到顺利运用，并提出专利申请（专利申请）
了解新技术需要解决的核心问题，利用各研究机构的网络寻找适用方案（方案寻找）
为未来战略产品寻找具有现实性的产业化方案，与不同的企业、研究机构保持友好往来（与企业、研究机构的交流）
与海外企业、研究机关的核心技术人员进行交流，学习先进技术（技术学习）

在环保经营战略的实行过程中，掌握公司内部各部门的进展，管理整体项目（环保经营管理）
制作全体职员的培训资料，讲授新概念技术开发、环保经营的必要性，介绍当前的方针政策（全体员工培训）
主持各种不同主题的会议，为新创意的实施寻求最合理方案（寻求最合理方案）
国内出差，通过学术会议等收集业务相关情报，制作具备说服力的简明报告资料，向公司内部传达，并进行培训（收集信息并传达、培训）
收集公司内部各研究开发部门正在进行的细化主题，并向上司传达（衔接部门与上级）
对新兴项目进行风险评估和管理、调节（风险管理）
对新兴项目进行投资收益评价预测（投资收益率预测）
将各种技术项目整合为产业化核心技术，并投入使用（技术整合，投入使用）

寻找

不要白白浪费你的天赋

发现你的潜能，并努力将潜能与目前所从事的工作相结合。当你清楚地了解自己的工作需要何种才能之时，你的业务水平将会变得卓越不凡。

适合性与重要度，缺一不可

每当公司将一份工作交给员工时，总希望员工能带着“主人翁意识”来为公司提供优质服务。所谓主人翁意识，就是以经营者的心态主动自觉地完成工作。职员一旦有了主人翁意识，就会把每天的工作当做自己的事业来经营。而作为个体企业家，除了要有充分的主人翁意识外，还必须练就独门必杀技。没有必杀技的个体企业家将会像那些毫无特色的小公司一样，在激烈的市场竞争中惨遭淘汰。

经营的首要环节是投资。当今市场上具有投资价值的项目越来越少。正因如此，经营者们在选择投资领域时也变得越来越谨慎。那么，作为个体企业家的我们在工作中应该选择怎样的领域作为重点投资对象，才能练就所向披靡的必杀技呢？到底哪些领域是投资价值最大、前景最为广阔的呢？答案很简单，值得重点投资的领域有两个：一是自己最擅长的，二是市场需求最大的。

“最擅长的领域”，就是指那些做起来最得心应手、适合性最强的任务。假如在这些任务上多花心思，你就能迅速成为公司中这一领域的佼佼者。那么，是不是只要做好自己擅长的领域就能练就必杀技呢？当然不是。只有当你的必杀技得到赏识时，它才能为你带来效益。假如你的必杀技没人买账，那它充其量只能算一种特长，绝不可能成为职业。

所以，要想让必杀技变成能够赚钱的生意，还必须牢记下一点：关注市场需求。市场需求是物质生活的重要内容。如果说从事与自己兴趣相符的工作是为了迎合自己，那么从事与市场需求相符的工作就是为了迎合他人。世界上任何一种生产，只有在为他人而非为自己而做的时候才能产生利润——这就是所谓的市场经济。我们可以凭个人喜好选择任何一种职业，比如木匠、作家、会计师、广告人或者市场咨询师等。但只有当我们通过自己的职业制造出满足市场需求、广受欢迎的产品和服务时，我们才能获取社会财富和名誉。

那么，什么样的工作任务“市场需求大”呢？——那就是我们所负责的工作中相对比较“重要”的任务。职场人的市场就是公司与顾客。所以对职场人而言，公司和顾客认为“重要的事情”就是市场需求所在。如果你能将那些“重要的事情”做得漂亮，顾客和公司就会愿意做你的“回头客”，你的生意就会越来越好。总之，要想了解市场需求，你必须先学会区分工作中各种任务的重要程度。当你懂得在重要的任务上分配更多精力时，你的优势经营也随之展开了。

现在，我们要将在必杀技第一步中细分好的20个小任务分别按“适合性”和“重要度”两个基准进行排序。在排序前，让我们先看看“适合性”与“重要度”的准确解释。

掘地三尺，找到你的天赋所在

必杀技的关键是充分发挥自身才能。只有当我们集中精力把自己最出色的才能发挥在工作中某个领域时，才能打造出独一无二的必杀技。在之前我们已经将工作细分为一个个小任务，现在我们要做的就是在细分好的任务中找出最能发挥自身才能、最容易获取成功的任务。那么，众多任务中究竟哪项才是自己最擅长的呢？你也许觉得有的任务既枯燥又困难，做起来头疼不已；有的任务马马虎虎，做起来还不错；还有一些任务既轻松又愉快，做起来得心应手。没错，只要按这样的思路对工作进行分类就可以了。不过，我们可不能无缘无故就将某项任务划入“喜欢”或“讨厌”的范围。必须说明喜欢或不喜欢的理由，并衡量自己在该任务上的能力大小。

才能大多来自天生，但后天因素也会对其产生不小的影响。才能总是随着人的年龄增长而不断进化改良。真正能支配才能，并让其发挥最大作用的是人。

我们每个人都或多或少拥有一些与生俱来的才能，只要找出相对比较强的一两种才能进行重组、强化和充分利用，就一定能达到超强的协同效应。

成功并不只眷顾天才。因为成功的决定性因素不是一个人才能的多少，而是人对自身才能的挖掘程度。当一个人充分挖掘天赋之后，成功必然会悄然而至。对此，美国前总统罗斯福曾有一段精妙描述：“成功的凡人并非天才，他们没有过人智慧。但正是他们将平凡的世界变得不平凡。”正如他所言，世界上没有所谓的平凡，平凡不过是指一种觉醒前的懵懂状态。只要摆脱了懵懂，任何人都会到达非凡的境界。

发挥多少才能，就有多少收获。从现在起，将你的才能尽情发挥到相应的工作领域中吧。将你的优势尽情发挥在“适合度”和“重要度”都名列前茅的工作领域上——这就是必杀技修炼的关键所在。

要想将手头工作做好，首先要搞清楚“各项工作分别需要哪些才能”。

以笔者为例：在写本书过程中我主要使用了三种技能。一是写作能力，二是分析和制定系统化模式的能力，三是叙事能力（本书采用了大量事例来支持论点）。

在做演讲时，我最主要使用了口头表达能力。但说起来有些不好意思，虽然我身为演说家却并不善于调动气氛。我屡次尝试在演讲中把观众逗乐，却总是徒劳无功。

我也不懂如何像喜剧演员那样用表情和身体语言去博得观众一笑。由此可见，我的幽默感和肢体表达能力相对比较弱。但我总是能有理有据地说服他人，所以我区别于普通演说家的独门绝招就是——超强的说服力。

写作与说话都属于语言表达能力，但很少有人能同时很好地驾驭这两种技能。在现实生活中，我们经常看到这样的有趣现象：有的人文章写得好，口才却不怎么样。还有的人一开口讲话就口若悬河，写起文章来却普普通通。当然，也有些人既擅长写作，也很会说话——比如我。这也解释了我为什么能又当作家又当演说家。在同时扮演这两种角色的过程中，我将自己最擅长的两种能力——叙事能力和说服力结合在一起，发挥了非常好的效果。另外，我认为对待自己的弱点和短处不要太过严格，只要不是致命的弱点我们就可以睁只眼闭只眼。与其把时间花到弥补弱势上，还不如多想办法培养优势——这是一种颇具智慧且成效显著的选择。

才华+品质=职场利器

在我们将工作细分为20个左右的小任务之后，接下来就该问问自己："如何才能将这些任务做得更好？"要回答这个问题，必须先找出完成这些任务时所需要的核心能力，即"必备技能"。

例如，要想做好"用PPT为相关人士讲解业务内容"这一任务，就必须拥有优秀的"表达能力"。在这里，"表达能力"就

是决定PPT演讲好坏的必要条件。表达能力既指语言表达能力，也指通过媒介（如图像或声音）来表达的能力。再比如，要想将“利用资料制定项目细化方案（细化方案制定）”这个任务做好，必须要有出色的“策划能力”。在这里，策划能力就是决定“细化方案”好坏的必要条件。当然，有时候为了做好一项工作需用到多种复合型技能。这时最好能选择一种发挥关键作用的技能，将其定义为决定该任务完成质量的必要条件。

天赋既包括写作、音乐等才华，也包括耐心、好奇心等品质。才华与品质相结合，构成了我们每个人的特质。对自身特质进行充分开发，使其进化为具有竞争力的技能，就构成了所谓的“优势”。即便是聪明绝顶的天才，如果不投入时间和精力去练习，也是很难将才能转化为优势的。这就解释了为什么天才陨落的故事总是屡见不鲜。

本书的目标再明确不过，那就是：让每个职场人都拥有卓越而独特的才能与品质，并最终依靠这些才能与品质打造出属于自己的终生职业。哪里才能找到自己独特的才能与品质？很简单——在你的日常工作中去寻找。职场是一个最好的试炼场，它为每个人分配了各种不同的任务。在职场中的锻炼能让人逐渐了解：什么是自己既擅长又热爱的，什么是做起来既枯燥又困难、无论如何也做不好的。职场中的一个个小任务就是我们寻找自身优势的引路石。

必杀技，就是你独一无二的优势所在。它以自身才能为基础，能让你随时为顾客提供无比卓越的专业服务。

现在让我们来看看，在必杀技第一步中细分好的20个小任务各需要哪些必备技能。对照自身优势，数一数你具备多少项工作必备技能。

实践游戏2 ★★

试着找出各项任务的必备技能。（30分钟）

现在我们继续用之前的“环境技术开发部门工程师的工作细分表”<表1-1>为例，找出各项任务的必备技能。此项工作能够帮助我们更好地看清工作任务的本质。如<表1-1>所示，一些表面看上去完全不同的任务，本质上所要求的必备技能是一样的。

现在，让我们找出自己工作中“适合度”最高的任务。这一步非常简单，只需要将20个小任务按照与个人兴趣爱好的相符程度进行依次排位即可。排在第一位的任务就是“我做得最好的任务”，排到最后一位的任务就是“我最不擅长也最头疼的任务”。排名位于1~3位的可以归类为“卓越”（计3分），位于4~6位的可归类于“擅长”（计2分），位于7~9位的可归类为“相对比较擅长”（计1分）。我们也可以从下到上进行评分。排名倒数前三的可归为“非常弱”（计–3分),排名倒数4~6位的可归为“弱”(计–2分)，排名倒数7~9位的可归为“相对比较弱”（计–1分）。

目前为止我们已完成的工作是：找出各项任务的必备技能，并按照“适合度”对这些任务进行排序。通过排序我们可以找出与自己兴趣爱好相符的工作任务，再判断自己是否具备这些任务所要求的必备技能。假如我们选定好一个既热爱又擅长的领域进行集中训练，就一定能在市场上打响名声。从现在起，告别“月薪奴隶”的思考方式，用经营者的思想体系来武装自己吧。

表1–1 环境技术开发部门工程师的工作细分表

工作细分概要	必备技能
与组员协调，制定环保经营战略，并制定详细的实践步骤（战略制定）	策划能力
参考网络和政策报告书，选定合适的经营战略咨询专家和咨询机构进行合作（咨询机构选定）	调查能力
研究国内龙头企业和研究机构的报告书，发掘未来市场的新技术和新概念产品（新技术、新产品发掘）	概念整合能力

工作细分概要	必备技能
为发掘的新技术和新产业制定收益测评和产业化方案（产业化方案制定）	细化能力
向经营团队报告新企划案，发表提案（报告，发表）	创造力
介绍世界知名企业的环保经营战略，为经营团队做发表（benchmark）	表现力
确保新技术在未来市场能得到顺利运用，并提出专利申请（专利申请）	细化能力
了解新技术需要解决的核心问题，利用各研究机构的网络寻找适用方案（技术适用）	整合能力
为未来战略产品寻找具有现实性的产业化方案，与不同的企业、研究机构保持友好往来（与企业、研究机构的交流）	亲和力
与海外企业、研究机关的核心技术人员进行交流，学习先进技术（技术学习）	交际能力
在环保经营战略的实行过程中，掌握公司内部各部门的进展，管理整体项目（环保经营管理）	统筹能力
制作全体职员的培训资料，讲授新概念技术开发、环保经营的必要性，介绍当前的方针政策（全体员工培训）	表现力
主持各种不同主题的会议，为新创意的实施寻求最合理方案（寻求最合理方案）	系统化
国内出差，通过学术会议等收集业务相关情报，制作具备说服力的简明报告资料，向公司内部传达，并进行培训（收集信息并传达、培训）	表现力
收集公司内部各研究开发部门正在进行的细化主题，并向上司传达（问题传达）	细化能力
对新兴项目进行风险评估和管理、调节（风险管理）	统筹能力
对新兴项目进行投资收益评价预测（投资收益率预测）	洞察力
将各种技术项目整合为产业化核心技术，并投入使用（技术整合，投入使用）	细化能力

实践游戏3 ★

试试对细分任务的“适合度”进行评分。（10分钟）

在完成小游戏的过程中，我们或多或少会遇到一些瓶颈。下面是参加必杀技训练的志愿者们在这一环节中所遇到的问题：

Q1 我已经知道如何找出各项任务的必备技能，但如果某个任务所需要的必备技能不止一个呢？甚至有时候同一任务的多个必备技能之间还是相互矛盾的，遇到这种情况应该如何处理？

A 如果某个任务要求两种必备技能，那就尝试把该任务分解成更小的任务。例如，现在有一项任务是“参考其他公司的成功经验，改善本公司当前的变化经营模式”。要出色完成这项任务需要哪些技能呢？首先，“参考其他公司的成功经验”必须大量收集资料，所以“信息收集能力”是一项必备技能。另外，我们还必须对收集来的资料进行比较分析，所以“分析能力”是又一项必备技能。最后，“改善本公司当前的变化经营模式”需要创造力，所以“创造力”也是一项必备技能。这样算下来，此任务的必备技能足足有3个。这种情况下我们应该对任务进行再次细分，以求做到“一个任务对应一项必备技能”。例如，我们可以把刚才那项任务分解为如下两项：

第一，“收集其他公司的变化经营模式相关资料并进行分析”（信息收集分析能力）。第二，“制定适用于本公司新变化的经营模式”（创造力）。现在我们就不难看出，两个小任务各自要求的必备技能分别是“信息收集和分析能力”以及“创造力”。

Q2 在寻找某项任务的必备技能时，单凭自己的判断就可以了吗?

A 是的。即便是同样的任务，不同的人也有不同的处理方式和技巧。例如，在完成“制定市场企划书”这一任务时，有人会认为洞察力和创造力是最重要的，也有人会认为如何将现有理念漂漂亮亮地包装出来才最重要。而事实上，这两种观点都没有错，因为优秀的企划书就是好的内容与漂亮的形式相结合。我们寻找任务的必备技能，不是为了寻求标准答案，而是为了进行有针对性的训练。所以认为“洞察力”重要的人可以把洞察力作为自身优势进行培养，认为“包装表现力”重要的人也可以把包装表现力作为自己的训练重点。这种人与人之间的差异性是值得肯定的，所以不要再老想着“一个问题只有一个答案”了。

Q3 作为一个项目组组长，我亲手完成的事情并不是那么多，如何才能细分出20个左右的小任务呢？

A 进行任务细分时，理应把范围锁定在自己亲手完成的事情内。但如果你担当的是组长之类的管理层职位，就应该把所有自己参与的事情都纳入任务细分的范围。例如，组长除了要负责项目整体管理外，还要参与某些实践操作。不止如此，组长还要做许多需要与组员配合的工作，例如员工培训、项目成果验收等。这些事情虽然并非完全由组长亲自完成，但也属于组长工作内容的重要组成部分。总之，只要是你在上班时间内做的所有与工作相关的事情都可以纳入任务细分的范围。要记住我们细分任务的原则只有一个：将自己在工作时间内做的所有工作全部分解为小任务。只有通过这样的任务细分，你才能清楚地了解自己的能量用在了哪些地方。要知道作为个体企业家，我们首先必须对自己的经营状况有充分认识。

Q4 所谓适合度高的工作，是指我擅长的工作还是我想做的工作呢？假如我想做的工作与我擅长的工作并不一致，应该如何解决？

A 幸运的是，在70%~80%的情况下我们想做的事和我们擅长的事都是统一的。这是因为每当我们想做一件事时，我们就会越做越好；当我们越做越好时，就会越来越想做，长此以往就会形成一种良性循环。但如果实在出现了爱好与特长不统一的状况，建议你最好先思考下面几个问题：

1. 你究竟喜欢做什么事情？这件事情是你靠天赋做成的，还是经过刻苦训练才做成的？

众所周知，付出并不是一定会有收获。只有当我们在自己擅长的领域挥洒汗水时，汗水才不会白流。如果某件事情是你经过长时间训练之后才变得精通的，那它就不能归类于“适合度”高的工作。在必杀技训练项目中，有一个志愿者是不折不扣的“模范生”。他总是努力把每件事情都做得尽善尽美，所以不管你把什么任务交给他，他都会努力完成。但如此优秀的他却始终找不到属于自己的必杀技。原因很简单——必杀技只有在天赋的基础上才能发挥杀伤力。也就是说，我们只有以自己与生俱来的天赋为武器，才能战胜他人。那么，你的天赋在哪里？就在那些你一学就会、一做就来劲、一做完大家都说好的任务里。

2. 如果你仍然坚持想做一些自己不擅长的事情，那就先问问自己：我对这件事的热情会不会仅仅是一种“不切实际的幻想”？

“幻想”这种玩意，表面看上去特别美丽，背后却是一

种忽略了汗水与挫折的虚幻欲望。活在幻想中的人，总是逃避“梦想需要付出代价”的事实，一心只想着“坐享其成”。说到“不切实际的幻想”，最典型的例子就是那些不会唱歌却成天想当歌手的懵懂少女了。真正的歌手，是为歌而生的人，为了音乐敢于牺牲一切。但那些幻想成为歌手的少女们只知道歌手在舞台上光芒四射，却根本无法了解歌手成名前所经历的挫折痛苦，无法感受他们在困境中仍然深爱音乐的心境。所以这些懵懂少女的歌手梦，充其量不过是一种不切实际的幻想。

3. 如果反复确认，还是觉得自己想做的事（希望、梦想）与自己擅长的事情（能力）不是同一件事，应该如何是好?

在这种情况下，选择自己擅长的事才是明智之举。因为修炼必杀技的根本目的是获取利益，而人只有做自己擅长的事才能取得最大利益。当然，我们不能因此而忽略梦想。只有梦想才能燃烧热情，只有热情才能让我们爱上工作，并取得事业成功。

如果现在问我，什么事情才是我所热爱的。我会毫不犹豫地回答：“写作。只有写作才可以让我到达忘我的境界。”每当写出满意的作品时，我都会感觉到无与伦比的快乐；每当沉醉在文字的世界中时，我都会感觉飘飘欲仙。是的，只有热情与投入才能换来丰收的喜悦。

记住，永远都要先做最重要的事

通过从“适合度”的角度来评价日常工作，我们已经大概清楚了什么是自己擅长的工作。到了这个阶段，我们已经领悟了经营者的基本思路，即“一定要打造自身优势，提供让别人心甘情愿掏钱的优质服务”。如果你已经学会“拿优势当卖点”，那么恭喜你，你的优势经营已经展开了。

但是，接下来的问题是“有没有人愿意掏钱购买我所擅长的业务”？如果你所擅长的领域毫无卖点，那它就很难为你创造利益。所以从现在起我们要认真地考虑“市场需求”。目前，大部分的职场人还没有将自己所承担的工作看做生意的意识，所以我们很难通过现有的数据来得知市场需求的大小。不过所幸的是，

现在我已经找到了另外一套评价基准来衡量各项日常工作的市场需求。

对身为职场人的我们而言，公司通过雇用合同长期购买我们所提供的服务，所以公司就是我们的顾客。不仅如此，我们所有的服务都是为了顾客的需求而做，所以公司的顾客同时也是我们的顾客。在公司交给我们的工作中，有的比较重要，也有的相对不那么重要。如果我们不懂得判断各项工作的重要程度，仅按时间顺序来处理，那我们就不是在“经营工作”而是在“机械操作”。而所谓“经营工作”，就是要“依据顾客要求衡量各项工作的重要程度，并以此控制自己的工作进度和服务质量”。

顾客认为重要的任务，就是我们需要不断努力的方向。现在继“适合度”之后，我们要从另一个角度来看待工作，那就是“重要度”。那么，我们每天的工作中哪些是相对比较重要的呢?

让我们按照“重要度”对细分任务进行重新排序。别忘了“集中投资”这个最基本的经营原则，我们要把这一原则运用到工作中。

那么，“业务的重要程度”应该从哪个角度去判断?是从自己的角度，还是公司领导的角度，抑或是上司的角度?在这里，上司的看法是最重要的评判依据。因为上司是我们面对的最直接的客户，也是最重要的客户。如果上司与我们的看法一致，那是最好不过。但很多时候我们认为重要的工作上司却不以为然，我们认为不重要的工作上司却格外重视。在这样的情况下，我们只要记住上司的立场最重要就可以了。一般情况下，我们可以通过与上司的面谈得知自己的工作中哪些部分最为重要。如果实在没有机会与上司详谈，我们就从细分任务中选出自己认为比较重要的四五个，拿去征求上司的意见。

现在我们要将细分任务重新按照“重要度”来进行排序。排在第一位的是最重要的任务，排在最后一位的是最无关紧要的任务。排名1~3的任务可以归类为“非常重要”（3分），4~6位可归类为“重要”（2分），7~9位可归类为“相对比较重要”（1分）。我们也可以从下到上进行排序。排名倒数1~3位的可归类为“非常不重要”（–3分），排名倒数4~6位的可归类为“不重要”（–2分），排名倒数7~9位的可归类为“相对比较不重要”（–1分）。

<表2>是参与必杀技修炼的志愿者们所制作的细分任务“适合度/重要度”综合连接表。

表格中的各项内容并没有唯一性，光是必备技能为“创造力”的任务就有好几个。但这些必备技能相同的任务，其“适合度”的评价结果却完全不同。例如，有些任务的创造力适合度评分为1，有的任务的创造力适合度评分为2。这反映了相同的才能在不同领域中得到发挥的水平不同。由此我们还可以看出，某

个任务如果正好是自己喜欢的领域，那么才能也将得到更好的发挥。这就好比一个学生对背诵历史人物的名字并不在行，却在背诵自己喜欢的歌词时表现了惊人的记忆力。

在完成实践游戏时，一定要放松心态，不要老想着精益求精。现阶段我们只要在规定时间内一气呵成地完成游戏即可，加工完善的步骤可以留待以后完成。在以后的实践中，我们还将更深入地理解必杀技修炼的基本概念和方法。

表2 人事・培训组组长的适合度/重要度一览表

细分任务概要	必备技能	适合度	重要度
设定人事制度方向，包括人事评价系统和组织体系（人事制度方向设定）	概念组织能力	3	3
收集相关企业人事制度改革的信息并整理（人事制度资料收集）	调研能力	2	−1
参考公司的发展方向及其他公司的成功经验，制定改革方案（改革方案制定）	创造力	2	3
用PPT为销售团队讲解改革方案	表达能力	3	2
用系统化整理后的改革方案为员工做培训（培训）	演讲能力	3	2
定期回顾改革方案（反馈）	评判能力	−1	2
开发职业教育项目（项目开发）	概念设定能力	3	2
按个人、部门、职位分别整理教育履历（履历整理）	整理能力	−1	1

细分任务概要	必备技能	适合度	重要度
了解各个员工、各个部门、各个职位的教育需求（教育需求调查）	调查能力	1	2
分析各个员工、各个部门、各个职位的教育水平/职业水平（教育水平分析）	评判能力	2	1
根据评估结果开发适合员工水平的教育项目（项目开发）	创造力	3	1
确定个人、部门的教育项目和培训时间，展开宣讲会（培训）	演说能力	3	1
制订教育部门的专门计划（制订计划）	策划能力	3	−1
设计教育部门的服务专门机关和IN SO SIM（设定教育服务方向）	创造力	3	−2
男子教育机关和IN SO SIM事例调查（事例调查）	调查能力	2	1
以调查资料为基础制定运营模式（模式设定）	制定能力	3	−1
制定细化运营方案和IN SO SIM企划书（IN SO SIM企划）	策划能力	2	1
向销售团队报告男子教育机关运营和IN SO SIM运营方案（报告演说）	表达能力	2	1
与专业教师队伍展开合作（合作）	交际能力	3	−2
制定资产数字化管理的企划方案（策划数字化）	策划能力	−2	2
为系统化资产管理开发项目（项目开发）	创造力	1	2
制定项目运营的具体分工（制定分工）	策划能力	−1	2

实践游戏4 ★

对各项工作任务的重要程度进行评价。（10分钟）

甄选

你的100万藏在哪里

找到值得你倾注时间和心血的工作领域。不要总是按部就班地完成工作，要有意识地朝自己热爱并擅长的领域靠近。

兴趣与垃圾，项目与压力

必杀技的关键在于直击要害。而我们工作的要害就在于那些重要度和适合度都很高的任务。如何才能找出这些任务呢？那就要运用所谓的“重要度/优势模型”。这种模型能够让我们建立起对当前工作的直观认识，并明确判断出哪些是具有投资价值的任务。

只要利用必杀技第二步中制作的“适合度/重要度一览表”，我们就能轻松打造出“重要度/优势模型”。如<表3>所示，首先我们要在纸上画出X轴和Y轴，X代表“适合度”，Y代表“重要度”。然后，把X与Y构成的区间分为4个领域，再将自己细分好的20个小任务放入相应的领域中即可。这样制作而成的模型构造简单、一目了然。

在这个表中，我用到了“优势”一词。我们的目标就是要把那些相对比较突出的才能发展为“随时都能为我们创造利益的自身优势”。不仅如此，我们还要把优势发挥在某些特定工作领域中，让优势得到不断强化。长此以往，原本分散的优势项目就会渐渐形成一个整体，成为我们生意中的“招牌项目”。

凡是重要度和适合度都很高的任务，都可以归类于模型中的“项目”领域。这些任务极具发展潜力，值得我们重点关注。

凡是适合度高、重要度不足的任务都归类于“兴趣”。这一类的任务虽然创造的价值有限，但由于符合自身的兴趣爱好，做起来非常愉快。此外，如果市场需求变化引起了此类任务的重要

度增加，它们将能迅速转换为优秀的“招牌项目”。

凡是重要度高、适合度低的项目均可以归类于“压力”。这一类任务是公司关注的重点，但我们由于自身能力的限制做起来总是事倍功半、力不从心，感觉到巨大的压力。最后，那些重要度和适合度都很低的任务可以归类于“垃圾”。如果你每天从事的工作中大部分属于此类，那你就很难在工作中找到自我价值了。

通过观察工作任务在模型中的分布状况，我们可以迅速了解自己的工作状态。如果大部分的任务都属于“项目”或“兴趣”领域，说明当前工作非常适合你。在这种情况下，工作满足感也会相对比较高。反之，如果大部分的任务都属于“压力”或“垃圾”领域，则说明所从事的工作完全不适合我们，我们从这份工作中感受到的只有艰难、烦闷和枯燥。所幸大部分职场人构建的模型中任务的分布都较为平均，很少出现任务大幅集中在“压力”和“垃圾”的状况。

要想练就必杀技，就要对某些特定任务进行有针对性的集中练习。“重要度/优势模型”能帮助我们更快地找到那些值得集中练习的任务。现在让我们将必杀技第二步中完成的“适合度/重要度一览表”中的各项任务分配到模型的4个不同领域中。

<表4>是经营改革组组长的“工作适合度/重要度一览表”。让我们看看他是如何将各项任务归类到4个领域中的。

经营改革组组长的适合度/重要度一览表

细分任务概要	必备技能	适合度	重要度
参与公司前景/基本战略/核心方向等整体构架的开发（构架开发）	统筹能力	3	3
收集整理与经营改革细化方案、项目开发相关的资料和事例（调查）	调研能力	1	-1
对资料进行综合研究，制定系统化的改革草案（核心方案开发）	衔接能力	3	2
利用资料制定项目的细化方案（细分方案）	策划能力	3	2
利用资料指定有创意的核心项目（项目开发）	创造力	3	1
为保证改革项目的顺利实施，寻求相关部门的认同与支持（寻求支持）	号召力	2	-1
以PPT的形式向相关人士讲解业务内容（PPT演讲）	表达能力	2	3
对职员展开培训，讲解经营改革相关内容（讲解）	讲解能力	3	3
在核心项目遇到阻力时，推动项目顺利进行（项目实行）	推动力	3	-2
经营状况评估（评估）	评估能力	2	1
提供建议，改善当前经营状况（咨询）	洞察力	2	3
为扩展业务，与相关组织或专家展开交流，保持友好往来（交流）	交际能力	-1	1
对经营改革的方案/战略进行系统化整理（系统化整理）	统筹能力	-2	3

细分任务概要	必备技能	适合度	重要度
向公司内外宣传新的系统化经营改革理念（宣传）	写作能力	–1	3
帮助各部门完成项目组建（支援核心部门）	扩展思考能力	1	2
制定改革进度报告书，向相关部门和相关人士做报告（进度报告书）	检验能力	2	–2
按照培训方案，选定培训场地，组织相关人员进行培训（组织培训）	组织能力	1	–2
收集培训反馈信息，根据意见确定未来的培训方案（培训反馈）	自省能力	1	–1

在这位组长的工作中，“参与公司前景/基本战略/核心方向等整体构架的开发（构架开发）”这一任务的必备技能是“统筹能力”，工作重要度是3，适合度也是3。也就是说，这项工作既是最重要的工作，也是最适合他的工作。

所以我们应该把这项任务放在X'3,Y'3的地方。另外，“提供建议，改善当前经营状况（咨询）”这项任务的必备技能是“洞察力”，重要度为2，适合度为3。所以这个任务是相对比较重要又很适合他的工作。我们应该把这项任务放在X'3,Y'2的地方。像这样，只要我们把所有任务分类放置在4个领域中，就能得出如<表4–1>所示的工作模型图。

由图可知，这位经营改革组组长的大部分任务都归类于P和S领域，只有交际、宣传、核心方案开发、系统化整理这4项任务属于H领域。而且值得庆幸的是，他的模型图中没有一个任务属于J领域。这种分布状况已经算得上优秀了。一般来讲，只要你工作任务中的70%左右属于P和H领域，就可以判定目前工作非常适合你。

不过，S领域的任务也是让人非常苦恼的。因为这类任务特别受公司重视，一旦完成不佳将会给自己带来很大压力。但往往我们对S领域的任务并不擅长，要付出比常人更多的努力才能勉强达到满意效果。“付出与收获不成正比”——这类任务的最大困扰就在于此。

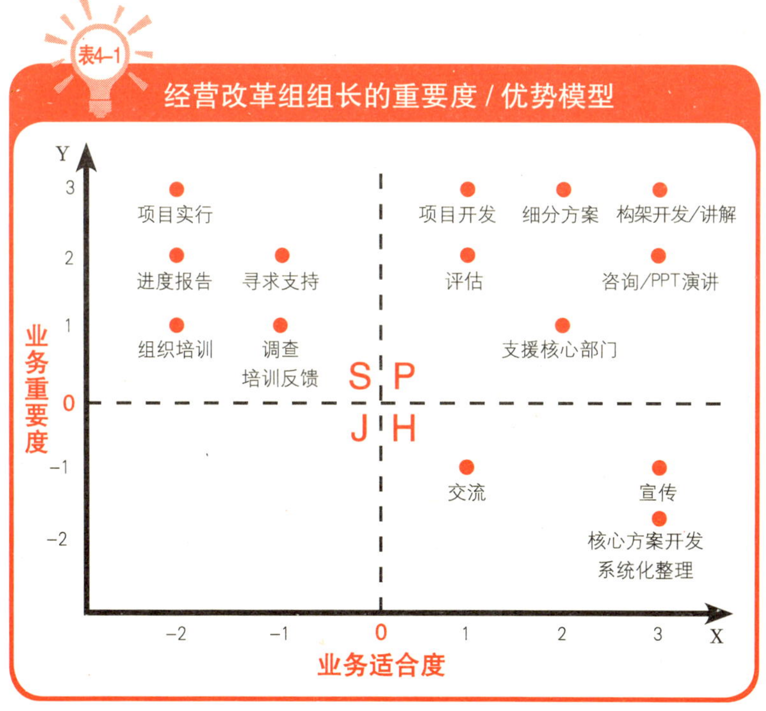

平庸职场人处理工作的方式是“不论任务的重要程度，只要按固定程序来完成就可以了”。稍微出色一点的职场人处理工作的方式是“迅速完成紧急的工作，有条不紊地完成不紧急的工作”。史蒂芬·高佩斯曾经向职场人建言，“先做那些重要且紧急的事情”。这的确是在公司中获得好评的有效方法。但是这种方法仅仅适用于产业时代。当今信息时代的职场人所处的环境与产业时代有根本性的不同，所以这种方法未免显得有些过时和片面了。信息时代的职场人一般都具备如下特征：

第一，工作的不稳定性。当今职场人越来越习惯游牧式的职场生活，总是乐此不疲地从一个公司跳槽到另一个公司。这是因为市场时刻渴求那些有能力有经验的人才，猎头们也总是积极为人才与公司牵线搭桥。在当今社会，个人的市场价值变得至关重要。

第二，当今职场人不再满足于停留在“过得去的状态”，而是立志打造特定领域的专长。我们把这称为“THE ONLY, THE BEST”。当代职场人认为“发挥优势”远比“弥补劣势”重要，所以到了今天，原本被看做企业经营核心的“优势经营法”也成为了一种个人经营理念。

第三，当今职场人将要面对的是一种前半生与后半生截然不同的生活。在人均寿命普遍增长的今天，我们作为雇用职员的时间却在不断缩短，大学毕业后20年职场生活所赚取的收入很难支撑起人生后半段的经济开支。因此，当代职场人必须找到一种新的终生工作模式。也就是说，通过人生前半段在职场的历练打造自己的独门必杀技，在人生的后半段靠必杀技成为SOHO专家或个体企业家、独立CEO等。

第四，当代职场人要想获得客户认可，就必须找到具有投资价值的个人才能并养成不断学习、终生学习的习惯。只要养成了每天定时定量学习的习惯，为自己的才能投资1万小时并不难。1万小时造就专家——这句话早已成为职场中的至理名言。

由上可知，现在是我们转换观念的时刻了。我们要将重点放在“如何把自己擅长且热爱的工作做到更好”，而不是“如何更快完成重要且紧急的工作”。但现实与理想之间总是存在差距，必杀技的修炼也必然会遇到来自现实的阻力。例如，身为职场人的我们不能不把当前公司认为重要的任务放在前面。为了克服这一现实问题，我们必须牢记必杀技修炼的原则：“努力做好那些重要且适合自己的工作，加强自身优势，创造一个美好的现在；不放弃那些暂时不重要但自己热爱的工作，坚持加强练习，创造一个美好的将来。”要贯彻这一原则，需要详细解读下面的文字：

第一，在完成“重要度/优势模型”中的P领域任务时，力求做到完美。也就是说，对于P领域任务我们不能仅仅满足于完成，要力争做到比任何人都好。由于P领域任务适合度高，所以只要我们

花费一些时间和精力去练习，就不难成为公司中该领域的佼佼者。在实际工作中，我们应该至少花费50%的时间在这一领域的任务上。

第二，S领域的任务是公司看重的任务。如果不能很好地完成这一领域的任务，就很难得到上司的赏识，必然会失去许多升职和奖励机会。所以S领域的任务即便是自己不擅长的工作，也一定要想尽办法做到最好。与P领域任务不同，S领域任务要想做好需花费很大的努力。这是因为我们在这一领域缺少天赋，做起来总是事倍功半。所以在完成这些任务时我们只要把目标设定为“不比别人差”就可以了。用工作时间的30%~40%来完成S领域的工作就可以了。因为在这一领域花费过多时间会消耗许多原本可以用来培养优势的精力，不得不说是得不偿失。

总之，从公司的立场来看，在P领域上表现卓越、在S领域上表现普通的人才是值得保留的。这样的人才在公司中将得到一定的升职和奖励机会。从这一点可以看出，只有个人的成长与对公司的贡献合为一体时，个人才会有充足的上升空间。

第三，精心挑选一些H领域的任务进行培养，将会对未来有巨大帮助。

在工作上能够给职场人带来好运的任务总是很容易在这一领域被埋没。这一领域的任务也许从公司角度来看并不重要，但极有可能在未来为我们创造利益。所以我们很有必要对这一类任务进行投资。

打个比方，H领域的任务就好比股市中的“潜力股”，也许短期内很难看到收益，但长期坚持却说不定会给你带来巨大惊喜。我们最好用工作时间的10%~20%来完成H领域的任务，并锁定其中1~2个任务进行重点训练，力求成为公司中该领域的佼佼者。也许现在看来这样做意义不大，但假如投资环境与市场需求的改变为这些领域带来新机遇，你就能在充分的准备下抢得先机。举个例子，MFA硕士原本是最难找到工作的，但最近却一跃成为雇佣市场上的抢手货，就连一向只招MBA的McKinsey咨询公司也开始朝MFA硕士们频频抛出橄榄枝。这是因为当今消费者在选择商品时越来越注意设计、色彩、概念等视觉感受，导致各行业对艺术人才的需求大量增加。由此可见，瞬息万变的市场的确对人才需求有很大影响。

第四，有一些人把自己的大部分工作都归类在了J领域。在这些人看来，每天的工作就是毫无意义的机械重复，没有任何趣味可言。但我很怀疑他们作出这样的选择是因为没有认清自己的工作实质。例如，“前台接待”这份工作表面看上去无足轻重，事实上却是顾客非常重视的一部分。顾客们总是会清楚地记得：在哪个公司的前台受到了亲切的接待，在哪里又有不愉快的经历，在哪里又感觉前台形同虚设。在顾客看来，一个好的前台就代表了公司的良好形象。所以前台的最大作用就是为前来拜访公司的客人留下好印象。

要想以亲切的语言、得体的妆容、优雅的姿态给客户留下美好的第一印象，并不是想象中那么简单的事情。所以，把这些表面看

上去无足轻重的工作归类于J是绝对错误的。由此可见，对工作任务的分类也可以从某些方面体现一个人的工作态度和价值观。

实践游戏5 ★

按照必杀技第二步中的“适合度/重要度一览表”，制定自己的“重要度/优势模型图”。（20分钟）

在完成实践游戏时，你可能会碰到一些难题。下面是参与必杀技训练的志愿者们在游戏过程中提出的一些疑问：

Q1 目前我的工作大部分都属于S领域。但即便我投入30%~40%的精力，依然很难做到和别人一样好。这种情况下应该怎么办呢？

A 如果你的工作中大部分任务都属于S领域，则说明当前工作并不适合你，所以即便投入30%~40%的精力也很难做好。在这种情况下，我建议你积极与上司沟通，努力找一些P领域的任务来替代当前工作。当然，现实中我们很难随意调换职位，所以在短期内尽量多花时间来完成S领域的任务是在所难免的。但是，一定要把做S领域任务的时间控制在工作时间的60%以内。因为我们至少需要40%的时间来练习P领域任务，以提高自身业务水平，弥补S领域表现欠佳带来的损失。在S领域耗时过多不仅会让自己感觉痛苦，还会影响上司对你的评价。总之，高水准地完成P领域任务才是我们的重点目标。

掌握好时间分配原则至关重要。在日常工作或项目进程中，S领域的任务很容易让我们耗费大量时间，失去工作的主动控制权。一旦我们在S领域投入的时间过多，必然会导致P和H领域任务无法圆满完成。现实中，不少职场人选择费尽心思地做好S领域任务，对P和H领域任务敷衍了事。殊不知P和H领域恰恰是只需稍微努力就能取得满意成效的，将原本应该用于这些领域的时间和精力花在S领域上不得不说是一种策略失败。“拿弱点来培养优势”的工作方法只能让人沦为平庸，永无机会跻身精英行列。

如果S领域的任务实在是堆积如山，我们也只好将大部分的时间投入其中。但假如工作并不是那么忙，我们就应该认认真真地完成P和H领域中那些具有潜力的任务。如果说S领域任务只要“及格就好”，那么P和H领域任务的完成标准就一定要设置得高一些了。因为忽视这两个领域的任务，就等于将10年后的自己定位成“打杂高手”，就意味着你失去了成为专家的机

会，你的个人履历将从你离职那天起变为一片空白。

Q2 我的工作任务大部分都集中在P领域。那么，我必须把每项任务都做到最好吗？我一定要当工作狂人才可以吗？

A 如果你的任务大部分集中在P领域，那么恭喜你，你天生就是吃这碗饭的。如果你感觉任务太多无从下手，就请返回必杀技第二步的“工作重要度/适合度一览表”中重新进行分析。别忘了对各项任务的重要度和适合度进行比较。我们的目标就是在这些任务中找出最具投资价值的任务。

通常，“模范生”型的人会把所有任务都当做是重要任务。他们会倾尽全力做好每一件事。我们应该对这种勤劳品质给予充分肯定。但事事尽力并不代表事事如意，太多的负担只会让人感觉体力透支、精神紧张。在这样的情况下，模范生们完成的工作成果也许能达到“合格”，但很难达到“卓越”。要想达到卓越，我们必须将精力集中到自己擅长的地方。不要忘了时间投资法则的核心：用大部分的时间来发现才能和发挥优势，用小部分的时间来完善致命弱点，使弱点不对优势产生影响。

必杀技的修炼，就是一个人从平凡走向不平凡的过程。当你通过优秀的业绩在公司中获得肯定时，你就开始了自己的“专家之路”；接下来，随着业绩提升，你的名气将越来越广，渐渐你会成长为业内知名人士。这个过程就是品牌力量发挥作用的过程。品牌并不是企业的专利，个人也需要品牌。影星、歌星、运动明星等都是个人品牌发挥力量的典型实例。他们正是通过品牌创造了可观的经济效益和文化影响。也许对大部分职场人来说，“个人品牌”这一概念还非常陌生。但它正在迅速走进我们的生活。在不远的将来，个人品牌的影响力将成为衡量个体企业家市场价值的决定性因素。

让我们从现在起努力做好P领域的任务吧。当然了，S领域的任务也是不可忽视的。在S领域上，我们只要保证“不比别人差”就可以了。

现在我们已经掌握了“在P领域做到最好，在S领域做到合格”这一要领，但在实际工作中难免会为了升职加薪而打乱步伐。但你一定要相信：任何上司都舍不得放弃“在几项重要业务上表现出色、在其他业务上也不差”的员工。当然，如果你和上司之间有矛盾那又是另外一回事了。关于如何处理与上司的关系问题，我在《THE BOSS——轻松同行》一书中有详细解答。要记住，只要你和上司之间不是水火不容，业务水平将是维持你们良好关系的重要基础。

是不是还在“给什么就做什么”

通过上一阶段的学习，我们已经懂得了如何通过“重要度/优势模型”来了解自己工作任务的分布情况，现在我们将学习如何进行任务整体规划和时间分配。

对4个领域的任务进行合理的时间分配，是个人事业经营的开端。现在起请改掉“给什么就做什么”的被动工作习惯，开始真正意义上的自律工作。

必杀技修炼正是以自律为基础。我们应该“从这里开始，从这一刻开始（here&now,urgently）”，选择具有投资价值的潜力任务进行练习。在选择过程中，不要忘了我们经常提到的“才能与适合度优先原则”，即要将选择的重点放在P和H领域。P和H

领域的任务原本都应该做到最好，但把每件事都做到优秀并不容易。所以，我们只需选择那些适合度“非常高”的任务作为候补必杀技进行集中训练就可以了。

必杀技第三步的练习步骤非常简单。首先，通过“重要度/优势模型”将所有任务归于P、S、H、J这四个领域；其次，按照以下3个步骤对任务进行筛选：

第一，选出P和H领域中适合度为3的任务。

第二，选出那些适合度为1~2且市场潜力大的任务。这些任务相对而言还是我们比较擅长的，所以只要稍加练习定能达到满意成果。

第三，把自己“想做的事情”列入任务名单之中。在这里“想做的事情”并不包括那些“喜欢但不擅长的事情”，而是指“P和H领域中那些最吸引自己的任务”。只有当你客观上具备做好该任务的条件且愿意投入热情时，你所选择的任务才是真正的潜力任务。

现在按3个步骤从“重要度/优势模型”中选出你自己的潜力任务吧。

实践游戏6 ★

选出自己的潜力任务。（20分钟）

以本人为例，我选出的潜力任务加起来有9个之多。这说明“经营改革”这一职务非常适合我。一般来讲，适合度为3的任务如果占到任务总数的1/3以上，就可以判断该职务非常适合自己。

接下来以在市场部工作的志愿者为例。如<表5>所示，她从P领域中选择了2个、从H领域中选择了1个、从S领域中选择了1个，总共4个作为自己的潜力任务。由图可知，该志愿者比较擅长从事为他人讲解的工作，即她的沟通技巧是强项。所以会议主持也可以纳入她的优势范围。

在<表5>中，她将S领域中的“经营/市场战略企划”选为了潜力任务。她认为该任务属于工作中的核心任务，即便适合度比较低仍然值得选择。事实上，她这样的想法违背了我们“选擅长的事情进行集中投资”的基本原则。但这一任务的确是工作中不可或缺的重要部分。失去它任务就成了没有肉馅的包子，又如何制造必杀技呢?

在必杀技第四步的学习中，我们将对这一问题作出解答。现在先让我们整理一下刚才学习的内容：所谓潜力任务，就是P和H领域中符合你的兴趣爱好、让你甘愿付出热情且能发生协同效应

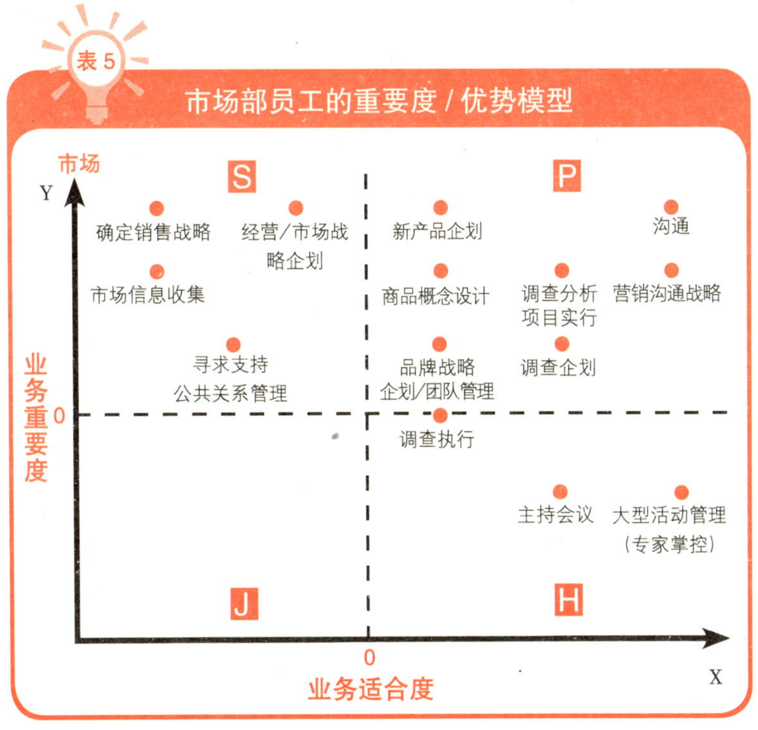

的任务。寻找潜力任务的普通做法是首先选出5个左右的任务进行相互比较，再进一步缩小范围。但是，仅靠现有工作中选出的任务，很难构成完整的必杀技。我们将通过必杀技第四步的学习来解决这一问题。

必杀技第三步和第四步是紧密相连的。当你懂得在两个步骤之间不断调整和完善时，你就能修炼出最佳水平了。现在，让我们离开现实进入未来的潜力世界吧。

锻造

成为年薪100万精英不是梦

如果你已经找到足以发展为终生事业的领域，就集中精力做那些可以让你离该领域更近的事情。当你亲手画下栩栩如生的未来蓝图之时，你就会发现你的梦想已经靠岸。

显示出你最强的“贡献力”

必杀技修炼的第四阶段，将是豪情万丈、酣畅淋漓的一个阶段。如果说第三阶段的学习强调简洁和逻辑性，那么第四阶段则要求我们具备丰富的想象力和未来预见能力。在这一阶段中，立志打造全新自我的坚定决心最为关键。要想通过必杀技打造属于自己的终生职业，这一阶段将是你的必经之路。在必杀技的五步中，这既是最艰难的一步，又是最富有趣味和创造性的一步。

选择什么领域进行投资才能打造终生职业？这一问题贯穿了必杀技修炼的第四阶段。职场人要想为顾客提供市场上最优越的服务、显示最强的贡献力，就必须把自身力量集中于最擅长的领域。我把这一过程称为“通往狮子人生的旅程”，身为骆驼的我们将通过这条路变成强大的狮子。

贡 献 力

我喜欢用“贡献力”一词来取代“竞争力”。“贡献力”代表的不是战胜对手的侵略性，而是向客户提供优质服务的亲和性。一个人的贡献力越大，那么他的存在对组织而言就越有意义。如果说竞争力是“血腥的红色战场”，那么贡献力就是“温馨的蓝色海洋”。当然，我也是经历了许多，才领会到“贡献力”的深意。

某天醒来，我突然意识到自己再也不愿使用“竞争力”一词。这种想法犹如惊雷般唤醒了我沉睡的内心。在此之前，我一直沉浸在人生的虚幻战场中无法自拔。仿佛每天醒来都有一个声音不断提醒我：“你身在战场，你必须战胜每一个对手，赢得每一场胜利。”

我经历过一段漫长的职场生涯。在职场中，我曾无数次听到“竞争力”这个词，也曾一度相信这个词足以左右我的未来。为了提高竞争力，我不断地学习、实践、读书、写作。经过多年的努力，我总算有了“变化经营专家”这一头衔，并开始暗暗觉得自己很有竞争力。但我总觉得我有什么地方想错了。如果说“所有生意都是为客户而做”这一命题是真命题，

那么“竞争力”也应该用对顾客的帮助程度来衡量。但是帮助客户的力量和战胜对手的力量是同一回事吗？我的目标难道不应该是让我的客户感到欣慰和满足吗？原来，我一直弄错了目标。我的目标不应该是在与对手的战斗中胜出，而应该是让客户发出真心的微笑。

现在我已明白，“竞争力”一词是血腥的红色战斗中使用的残酷语言。但我向往的不是战争而是平静广阔的蓝色海洋。现在我已明白，那种真正充满霸气的力量，那种我一直不懈追求的力量并不是竞争力，而是对客户的贡献力。

贡献力决定于你能付出什么而不是你能得到什么。如果你才华横溢，那你付出才华就能拥有影响力。这种付出就是所谓的贡献。

不论做任何事情，只要你把优势当成帮助别人的独门法宝而非杀敌武器，你就能在群体劳动中享受快乐，并得到比独立工作时多出数倍的劳动成果。正所谓竞争力让人四面树敌，贡献力让人广结良缘。

不论你现在做的是什么工作，请找出你工作中具有贡献价值的领域，然后结合自身的才能与个性打造独一无二的“必杀技”。只要你利用必杀技来改善人际关系，你就能成为组织中的快乐源泉，成为大家心目中受欢迎的人物。

要想游向广阔的蓝色海洋，就要从现在开始练习必杀技。作为公司中的一名小小职员，我们手头的工作只是生产流水线上的一小部分。光是从我们手头的工作中选出重要且适合自己的任务进行训练，多半是无法练就必杀技的。因此，我们还需要寻找一些目前没有接触过但重要度高的任务进行训练。只有这样，才能打造出含金量高的必杀技，实现从骆驼到狮子的华丽变身。

让我们通过实例来学习。在必杀技第三步中，我已经介绍过自己作为“经营改革组组长”一共有9个潜力任务。这9个潜力任务分别是：构架开发、演讲、咨询、PPT演示、宣传、制定改革草案、系统化整理等。仅仅加强这几项潜力任务，是很难获得“变化经营专家”称号的。因为变化经营专家还需要具备另外一些核心素质。只有我们找出这些核心素质加以强化，才能保证自己可以全方位地胜任工作。必杀技的修炼内容可以用下面这个简单的等式来表达：

必杀技修炼内容=（从当前工作中找出的）潜力任务+（目前没有接触但必须掌握的）核心任务

如上所示，只要我们从当前工作中找出潜力任务，再挖掘一些没有接触过但必须掌握的核心任务，就能打造出专属自己的终生职业。这就是必杀技第四步的精髓。

为使大家更好更快地确定自己的必杀技修炼内容，我们制定了如下规则：

“尽量取消或减少无趣的工作。”去掉不必要的工作才有余力去强化优势、挖掘潜能。只要你坚持这一原则，必能在几年内通过手头工作练就必杀技。

EREC表可以帮助大家更好地完成工作任务重组。

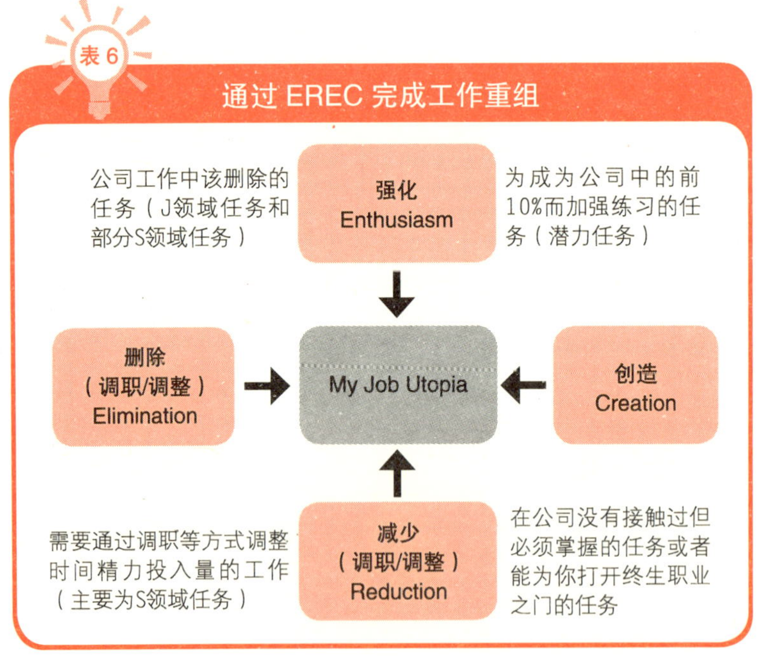

不喜欢做的事就别做

1．删除游戏——没意思的事就别做

“没意思的事就别做”——这句话一听就让人喜欢。可是身为职场人怎么能这样呢？工作可不是靠兴趣来做的，更不是想不做就可以不做的。

事实上，这句话的意思是如果当前工作不适合你，那就尽量换别的工作。只有这样，你手头的工作中才会有更多适合自己的任务。当你工作中的大部分任务都属于P和H领域时，你就能从挫败感和束缚感中解脱出来。这种方法的确能让工作变得有趣，但现实中我们要征得上司的同意才能调换职务。所以此法虽好，却有一定局限性。

既然不能立刻调到喜欢的部门工作，那就只能靠自己的力量解决问题了。首先，从目前工作中去掉那些“既不重要也不适合自己的任务”。这一道工序可以称为“个人经营改革”。当我们把时间从毫无价值的工作中抽离出来，投入那些更重要且更适合自己的工作中时，我们就掌握了工作的主动权。这个过程中必不可少的是上司的肯定和支持。这点倒不用担心，因为只要是合理的要求上司多半会同意的。这一工作将会去掉J领域的任务，也就是“不必要和浪费性的任务”。

2. 减法游戏——实在不能不做，那就少做

没意思的工作当然是不做最好。如果实在要做，那就花最少的时间去做。如果不能不做，那就尽量少做。例如，要做5份报告我们就只做3份，能交给别人做就交给别人做；要做3个分开的任务，就合成1个或2个综合任务。这道工序也是一种“个人经营改革”。如果你按照这样的方法进行减法游戏，就能找到更简单快捷的工作方法。

除了独立工作外，我们还需要和同事们合作完成一些工作。在合作过程中，我们可以与同事沟通协调，进行任务的重新分配。例如，假设同事A擅长资料收集和逻辑分析，而你擅长汇总和

解说，那你就可以与A协调，各自负责擅长的部分。

本人也参与过不少合作项目，最近的一次是参加名为“把沉睡的公司叫醒”的项目。在此项目中，我们的目标是发掘职场人在公司中最想单独完成的工作以及最想与人合作完成的工作。我们的团队一共有10名组员，每个人的才能与个性都各不相同。有的人特别擅长网络搜索和资料挖掘，总是能找到一些新奇有趣的公司制度；有的人擅长分析现有资料，制定系统化框架；还有人总是能找到一些好的工作场所，让全体组员能够愉快地工作；还有的人擅长资料的汇总整合，制作优秀的报告文件；还有的人擅长将报告文件改写为吸引读者的煽动性文字；还有的人擅长协调分配，让每个组员都发挥最大的能量。在团队中我们拥有共同的目标，经历同样的努力过程，但我们每个人为团体所作的贡献却各有不同。通过这种“各司其职、各扬所长”的工作方式，我们得以从自己不喜欢或不擅长的事情中解脱出来，发挥自己的最大能量。

为了更好地分配时间精力，我们除了调整工作内容外，还应对自身工作质量的要求作出调整。我们对自己不喜欢也不擅长的事情总是缺乏天赋和热情，所以做起来既耗时耗力，又鲜有成效。在面对这种任务时，最聪明的办法就是降低要求，告诉自己“只要做得不比别人差”就可以了。只有这样，我们才能把更多的时间和精力投入那些潜力任务中。由此可知，我们对J领域的所有任务都应该降低要求，S领域的多数任务也只要做到“平均水

准”即可。

3. 强化游戏——强化那些你感兴趣的任务

兴趣是打开热情之门的钥匙。“在职场生活中做自己想做的事”——这句话对任何职场人而言都充满诱惑。不过很遗憾的是我们的工作总不可能全部有趣。如果说职场生活是一场卡牌游戏，那么工作任务就是一张张纸牌。我们无法选择牌的好坏，也不能因为抓了一副烂牌就轻言放弃。在这种情况下，我们最好的选择就是换一种工作方式，将更多的时间精力投入喜欢的事情中。这就是所谓的“集中投资，强化训练”。这种方法能让我们的内心充满热情，以积极的心态投入工作。在选择强化任务时，我们要重点关注P和H领域。因为这两个领域的任务适合度高，做起来事半功倍。把精力投入这些领域的任务中，我们的能量会得到最大限度的发挥，工作起来也会更愉快轻松。

4. 创造游戏——找出那些欠缺的重要核心任务

到现在为止一直跟着本书修炼的读者，到了这个阶段心里必然会有这样的疑问：仅凭我现在的工作似乎很难到达后半生的“狮子人生”，那我如何才能练就足以成为终生职业的必杀技呢？现在，我将为读者解开这一疑问。

仅凭几个潜力任务来打造必杀技，的确是远远不够。我们在必杀技第三步时主要选择了P和H领域的任务作为潜力任务。那么假如不适合自己的S领域任务恰恰又是非常关键的重要任务，是不是也应该硬着头皮把它们选为潜力任务呢？这个问题实在令人苦恼。在这种情况下，最好的办法是放弃S领域任务，并找出适合自己的新的重要任务。因为S领域任务的适合度低，投入大量时间和精力也并不能达到满意的效果。

在这一步中，“创造”就是要找出现有工作中所欠缺的、未来成为专家所必需的核心重要任务。以本人为例，在我还是一个职场人的时候，我的最大梦想是成为韩国最好的变化经营专家。但仅凭我当时的手头工作，是很难实现梦想的。要想将“变化经营专家”这张梦想拼图拼凑完整，我还缺少几个关键的图块。而这些关键图块是无法通过当前的潜力任务绘制而成的。要想完成必杀技修炼，找出当前工作以外的“核心任务”是非常关键的一步。当核心任务与手头的潜力任务相结合时，原本支离破碎的梦想图块就会组合成一张专属自己的梦想蓝图。

要想完成这一充满创造性的华丽变身，我们需要转换意识。首先，要有新的眼界。人总是被惯性束缚。有时候这种惯性也可以被称为惰性。当你学会用新奇的眼光看待平常的事物时，你就会感受到一个全新的自己。

其次，要学会从不同角度看问题。分散的图块只是图块，拼凑起来的图块却是一张美丽蓝图。所以，我们要结合不同的角度来看待问题。既要从上往下看，也要从前往后看。既要从内部的角度看外部，也要从未来的角度看现在。既要从世界的角度看自己，也要从内心的角度看世界。当你学会时刻转换角度时，你的思维就会开阔许多。

最后，创造目前所欠缺的图块。拼图过程中，有可能会缺少一些关键图块。我们必须想办法找出这些关键图块，才能拼凑出完美的梦想之图。在寻找过程中，我们既可以在当前工作的基础上延伸，也可以挖掘一片全新领域。总之，只要你找出了那些关键的缺失图块，你就能实现美丽的梦想，拥有独一无二的终生职业，获得脱胎换骨的新生。

创造性的变身虽然困难，却是富有趣味的。我们可以把这一过程想象成男孩子们给最爱的机器人变换造型，女孩子们给最喜欢的芭比娃娃换新装。从现在开始，让我们享受成人世界的变身游戏吧。

在学习第四阶段时，请记住萨尔瓦多·达利的一句话："别再做大人的事了，让我们也像孩子一样玩耍吧。"

参考必杀技第三步中制作的"重要度/优势模型"，选出那些应该"减少或删除的任务"以及"需要强化和创造的任务"。完成对工作任务的重新组合，制作属于自己的EREC表格。

实践游戏7 ★★

制作自己的职业EREC表格。（30分钟）

在制作自己的EREC表格时，删减当前任务和选出强化任务都是非常简单的。但要完成“新任务创造”和“我的职业梦想”等内容就不是那么容易了。正因如此，必杀技第四步才是绝对关键的一步。

让我们参考下面的示例，制作自己的EREC表格吧。<表7>是一位志愿者的“重要度/优势模型”。他在一家知名企业负责人力资源、培训、行政等工作。正如我们所见，他选择了P领域中的人事制度框架确定、PPT演示、教育体系和培训项目开发这4个任务，以及H领域的培训小组模式开发、网络检测这两个任务作为自己的潜力任务（“重要度/优势模型”的深色点表示潜力任务）。

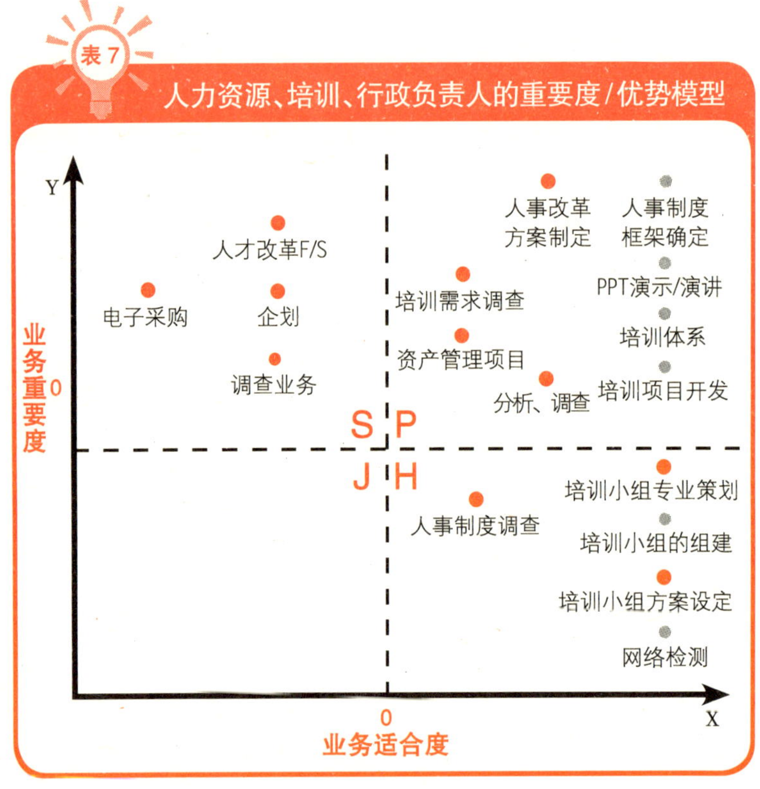

但是，他发现自己仅凭这6项任务很难打造出具有不可替代性的必杀技。于是他决定寻找新的核心领域进行强化。考虑到自己曾在公司中长期负责女性员工培训工作，在这方面工作既有兴趣也有经验，他决定将女性培训作为自己的专业领域。他所制作的EREC表格就是下面的<表8>：

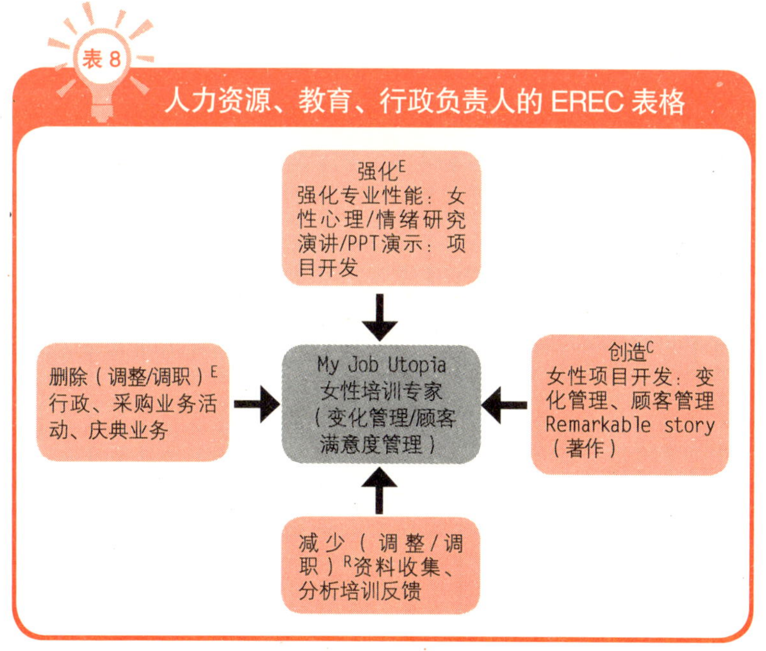

我的职场经历与女性紧密相连。我在20世纪80年代开始参加工作，那时候的社会正处于产业化时代，女性的社会地位还不高。但随着时代变迁，女性在社会中扮演的角色日益重要，我感觉“属于女性的时代已经到来”。现在，社会中的各种文化现象、消费潮流几乎都与女性有关。我曾在全罗南道的一个女性服务组织任职，这个组织人数最多时达到120人。当时我每天为学员授课，在课堂上尤其注意观察女性的观念改变。当时我还曾以个人名义参加妇女友好协会，估计除我之外没有哪个男人会对妇女组织感兴趣吧。后来，工作变迁使我转移到新的城市，之前那段经历也渐渐成为尘封的记忆。但参加必杀技训练之后，重新燃起了我对妇女的关心。几天前我重新报名参加了韩国妇女友好协会。这一次，协会方面很快给我回了电话。似乎她们也感到一个男人加入组织是件非常新鲜的事。当我提到我正在致力于开发与女性相关的项目，并打算集中精力研究女性组织的管理模式时，她们表现出了强烈的兴趣和积极肯定的态度。

“为什么我想成为女性培训专家？”假如让我回答这个问题，我会讲出许多有意思的内容。因为身为男性的我加入女性友好协会本身就是一件新奇有趣的事。也许不少人会觉得我很奇怪，但我明白成为成功的女性培训专家是我的梦想，我就是要通过在女性组织工作获得更多经验，使自己离梦想更近一点。

“他曾领导过女性组织，拥有丰富经验，并自愿加入过女性友好协会。从种种经历看来，他的确是一个非常关爱女性的人。”我希望有一天别人能够给予我这样的评价。也许现在看来我所做的一切有些无聊，但我相信总有一天我的付出会有回报。

每年春天我都会出游，与烂漫的春花一起沐浴暖阳。到了秋天和夏天，我就和家人一起爬山。今年我带着儿子去了地理山、德祐山。每次旅行之前，我都会和孩子约定本次旅行的主题，并写出提纲。平时，如果妻子加班晚归，我就会在她进门时给她一个最热情的拥抱。每天上班之前，不管孩子在不在场我都会和妻子亲吻告别。每天叫女儿起床时，我总会先亲亲她可爱的小脸蛋。在我们家中，每个月都有一次名为“free Sunday”的活动。在这一天里，我将亲自下厨为孩子做饭，并满足他们各种合理要求。

上面这些故事总是容易博得女性观众的喜爱。因为它们是我真实人生的一部分，没有比这更独一无二的故事。我通过讲述自己的故事为听众、读者带去欢乐，增强他们对我的信赖感。我相信我的故事能够鼓励他们坚定不移地去追求更好的生活。

进化为高人一等的专家达人

在经过必杀技第三阶段后，我继续在公司中担任经营改革组组长并完成了自己的EREC表格。在这一阶段中，如何对9个潜力任务进行具体的强化训练成为了摆在我面前的一个重要课题。所谓的强化训练，就是让潜力任务变为我的“独门绝技”。这项训练不仅要求我有明确的目标，更需要有足够的实力。如果我没有充分开发自身潜能，仅凭当前那一点力量是必然不能“称霸天下”的。

例如，作为经营改革组组长的我经常要做各种PPT演示和演讲，优秀的演示能力和出众的口才是我做好工作的必备条件。

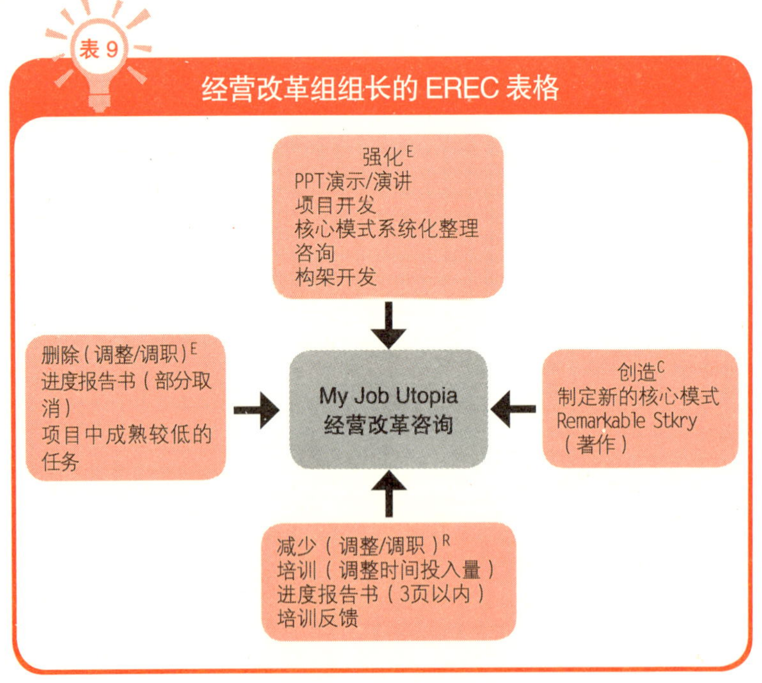

在之前的工作中，我最头痛的事莫过于召集所有员工进行经营改革培训。员工们本身就不愿意接受新的变化，自然听不进去。我希望自己以后能够改进演讲技巧，让兴味索然的听众能兴致勃勃地听下去。为此我做了下面的自我宣言和强化方案：

我希望拥有出色的PPT演示能力和演说能力。出色是我对自己的最低要求。我的目标从此不再是完成任务，而是用卓越的演讲方式让听众耳目一新。我希望有一天能够听到这样的评价："他是我们公司里最会做PPT的人"，甚至"他是这个部门口才最好的人"。为了实现目标，我开始努力寻找各种演说机会，在演讲中力求完美。最终，我练就了一套属于自己的演讲风格，既简洁又能吸引听众。

如何才能像我这样找到属于自己的新工作方式？是不是要上补习班才可以？当然不是。我是按照如下方法来训练演讲能力的：

——寻找最切合主题的事例。对事例进行充分了解，并尝试用最简洁有效的方式来解说事例。

——采用通俗易懂的演讲风格。演讲方式越简单的人，越有可能把演讲做到最好。

——灵活运用各种修辞、比喻和隐喻。为演讲注入文学性，使自己的演讲充满个性（我比较擅长自我表现和文学创作）。

——观点与事例相结合。空洞的理论需要用生动的事例来讲

解。拿亲身经历做事例将增加观众对自己的信赖度（本书的第一个试用者就是我自己，所以我列举了不少自己的事例）。

——不要带草稿上台。轻装上阵是最好的，要将自己训练成随时随地出口成章的人（我喜欢脱稿演讲，从不在演讲的时候带草稿）。

——保持个人风格并不断强化。我并不是一个善于煽动气氛的人。我的声音天生低沉，很难转化为轻快愉悦的腔调。所以我只能把我的个人风格设定为“沉稳且值得信赖”。

综上所述，最优秀的演讲是用华丽的演讲技巧吸引听众，用强有力的逻辑分析来征服听众。当然，还有必不可少的一项法宝——激情。

从以上各个方面进行强化之后，原本内向的我竟然也摇身一变成为随时都淡定自若侃侃而谈的演说家。

要想打造完美的必杀技，仅仅加强潜力任务还远远不够。我们还必须找出一些当前工作中不具备的新核心任务。我也是直到40岁之后才领悟到“新核心任务”的重要性。

当时，我在IBM亚洲太平洋地区做了6年的经营改革质量评估，并学习了一套IBM总部制作的商务改革模式。这套模式虽然先进却并不适用于韩国市场。作为经营改革组组长的我原本只是模式的实行者，但我突然意识到除了完成公司分配的任务外，我还应该主动去开发一些适用于本地市场的多样化改革模式。所以，我开始研究许多先进企业的改革模式，并尝试设计适用于自己公司的改革方案。通过这种尝试，我从经营改革组组长升级为既要判断时局又要设计多种经营改革模式的变化经营专家。设计具备普遍适用性的改革模式，这一任务对我来说是第一个具有创造性的挑战。

我的另一项挑战是让自己变身为变化经营专职作家。我40岁才开始从事写作。尽管之前我也隐约感觉自己在语言应用能力方面颇有天赋，但并没有认真写过什么像样的作品。假如我一直按部就班地在职场打拼，我还会拥有当作家的机会吗？在我苦心钻研变化经营的10年间，我熟读了大量书籍，但仍然没有勇气提起笔来自己创作。于是时间就这样一晃而过。

转眼间到了20世纪90年代初，我开始接触迈克尔·海默和杰斯·坎普的书。《企业管理的重生》这本书让我领悟到了变化经营的精髓。读完此书后，我有了一个梦想。我希望有朝一日自己能总结多年经营改革的经验和感悟，写一本大受欢迎的好书。1998年，我的第一本书出版并取得了巨大成功，这本书给我带来了接连不断的好运。我成为了一名在变化改革领域赫赫有名的专职作家。这是我写作事业的起点，也是我的第二次变身。

与此同时，随着知名度增加，我开始被邀请去一些公司做经营改革的专题演讲。我还获得了不少公众演讲的机会。“变化经

营专题演说家”——这就是我的第三次变身。

改革模式设计师、变化经营专职作家、演说家。这三项职业所要求的核心技能都是无法通过在公司的锻炼获取的。当现有工作中的潜力任务无法打造出完整的必杀技时，我们就必须找出新的核心任务。寻找新核心任务的过程中，我不仅收获了个人成长，还提高了公司形象。

当然，在变身过程中也可能会遇到一些挫折。毕竟在公司业务和个人事业之间寻找平衡点并不是一件容易的事。当时我所在的IBM公司并不鼓励职员发展个人事业，但只要是与工作有关的自我升值计划，公司也不会反对。所幸我当时的上司非常善解人意，对我的个人事业给予了很大支持。

充满创意的工作方式令我愉快，成为卓越专家的成就感更是让我对工作有了更多的激情与热爱。我不断鼓励我的组员们走出“IBM经营改革研究室”这一狭隘空间。我鼓励他们要立志成为韩国最优秀的经营改革小组。我曾对组员们这样说：“经营改革部门的发展总是跟随着公司的发展而起伏。在公司遇到危机时，这个部门会挺身而出发挥巨大作用，但一旦公司的情况稳定下来，经营改革部门必然会无所事事安于现状。但是，我们的小组必须时刻学习。一个咨询团队如果没有优秀的模式和技术力量就无法在市场中立足。我们必须成为韩国最优秀的改革团队。每一个组员都必须成为优秀的专家。”这些鼓励话语让组员们有了很大的学习积极性。

我们开始团队学习。首先，我们收集海外的改革相关书籍，建立了一个公司内部的小型图书馆。然后，我找来一本经营改革的优秀书籍与组员们一起翻译。当时有些组员曾质疑是否有必要做这些工作范围以外的事情。但最后看着翻译出来的成果大家都非常高兴，我们还用翻译得来的稿费一起庆祝新年。通过这一系列的活动，我的团队化被动为主动，成为了一个积极寻求发展的学习型小组。

当然，不少职场人资历尚浅，不能领导组员一起学习。在这种情况下，我们也可以寻找一些适合自己的新核心任务，与志同道合的同事一起学习探讨。如果找不到合适的同伴或天生怕麻烦，也可以自己独立进行训练。不要忘记，探路的孤独是创造的源泉。孤独寂寞会让一个人更专注于省视自我，从而对新世界进行更积极的探索。

我从职场中获得的一条重要教训是：仅仅做公司安排的任务是很难打造必杀技的。我们必须将手头的工作当做自己的事业，把自己想象成为客户提供优质服务的优秀企业，只有这样才能完成从“月薪奴隶”到“个人企业家”的蜕变。总之，强化P和H领域任务+新核心任务创造就等于独一无二的“必杀技”。

不要忘记必杀技需要有天赋做支撑。找出你具有天赋的领域进行好好培养就能迎来成功的喜悦。要知道天赋并非天才的专属

品。我们要时常记起那些“用平凡才能创造出不平凡的人”，他们的动人故事鼓舞我们不断前进。

能力+热情+trend=笑傲职场的精英

在这一章节中，我们将经常用到“职业乌托邦”这一概念。我对这一概念情有独钟，因为我认为它象征“一个专属于自己的随心所欲的小世界”。这个小世界只有通过渊博的知识、不懈的贡献、坚定不移的决心才能到达。那么怎样才能找到属于自己的职业乌托邦呢?

只要亲身实践过的人都知道，“删除、减少、强化、创造游戏和EREC表格”的确是寻找职业乌托邦的简单有效方法。参与必杀技训练的志愿者大部分都在“创造游戏”和“我的职业乌托邦”这两个环节中遇到了困难。

首先，必须明确的是，创造新核心任务和打造“我的职业乌托邦”这两项工作应该是同时进行的。因为在打造职业乌托邦的过程中必然会发现自己所欠缺的核心任务。

在设定自己的职业乌托邦时，一定要考虑3个因素。第一个是能力。即当你明白“我最擅长什么”时，你就找到了打开职业乌托邦的第一把钥匙。要想找到自己的擅长之处，必须对自己的才能、个性、品质进行综合分析。事实上，“我最擅长什么”是必杀技训练过程中至关重要的一个问题，贯穿了训练的整个过程。这是因为“我最擅长的事”就是我所拥有的最珍贵财产。

第二个需要考虑的因素是激情。“我想做什么？”——当你找到这个问题的答案时，你就找到了职业乌托邦的第二把钥匙。在回答这个问题时，你要考虑自己的职业意向、爱好和需求。“擅长的事”与“想做的事”通常都有许多类似之处。“因为想做，所以做得好。因为做得好，所以更想做。”所以要想知道自己擅长做什么，就先想想自己想做什么。要想知道自己想做什么，就先问问自己擅长做什么。不过，有时候想做的事和擅长的事也可能不一致。这时候就需要我们进行自我调节。

第三个需要考虑的因素就是世界趋势。当你知道“当今的热门职业是什么”时，你就找到了职业乌托邦的第三把钥匙。我们的目标是找出未来几十年的终生职业，所以仅仅关注最近几年兴起的热门职业是不够的。所谓的世界趋势，就是那些至少会流行好几十年的热门职业。如果你的必杀技刚好迎合了最近的市场潮流，那你也许可以在时尚的浪潮中好好享受一番。但新兴的潮流未必持久，当新潮退去后你面对的可能是窘迫的生活。所以，我们一定要了解当今世界的主流趋势，在职业道路上作出聪明的抉择。

如何通过能力、热情、世界趋势这三大因素来找到我们的职业乌托邦和新核心任务？让我们一起来解开谜底。

1. 把平凡变得不平凡

请记住，只有那些清楚自身才能与特性的人才能变得独一无二。如果把才能分为1~10等，10等是最高等，5等是及格水准。那么，成功者的才能是几等呢？我们自己的才能是否能达到及格水准？在回答这些问题之前，请先记住下面的内容：所谓成功的人并不是拥有许多卓越才能的人，而是将小部分才能发挥到极致的人。正所谓“真正的伟大是把平凡变得不平凡”。

在我刚开始下定决心写书时，我不知道从哪里找来了一种“我就是能把书写好”的自信心。当时唯一能证明我写作水平的可能只有友人回信中“你写得太感人了”之类的话。但我就是很顽固地相信自己总有一天能写书，而且会写出大受欢迎的好书。

当时，我认为自己的写作才能大概能达到6~7等。10年过去之后，已经写了15本书的我觉得自己的写作水准提升到了7~8等。从盲目自信到备受肯定，我这10年间的进步是非常明显的。我还会坚持写书直到人生的最后一刻，所以我相信我还有很大的进步空间。

最小的才能只要发挥到极致也能获得最大的成功。我们应该珍惜上天赐予的才能，不为那些欠缺的才能而苦恼或是白白流汗。把时间精力花在没有天赋的事情上是一种不合理的投资。勤劳是一种美德，但只有耕耘没有收获的人生是痛苦的。将精力集中于你所拥有的才能吧。只有这样我们才能更轻松地收获成功。在寻找自身优势时，我们尤其要注意以下两点：

第一，我的核心力量用到了什么地方。多重智慧理论的泰斗霍华德·嘉德诺曾经说过：要想成为优秀职场人，就要找到能够发挥自己核心力量的领域，并扩展这些领域的深度和广度。例如，一位电脑工程师的核心力量是逻辑思维能力，他不光要利用这种能力来完成公司分配的任务，还要借此来建立自己的个人网站，与那些有业务往来的客户保持联系，并通过网络扩展事业。再比如，医生的核心力量是社会亲和力，他可以通过每周一次的义诊来帮助他人。总之，不要满足于完成公司分配的任务，尽量多寻找一些能够发挥自己核心力量的领域，才能让你更清晰地了解自己的职业乌托邦。

第二，发挥任务之间的协同效应。在必杀技训练项目中，有

一名志愿者希望以后能够成为木匠，因为他从小喜欢手工。但他目前正在一家汽车轮胎公司做销售，凭着天生的亲和力，他在这份工作中也是如鱼得水。他并不像普通的销售人员那样，陪客户吃饭、打球，时不时发信息联络感情，而是试图寻找一种新的销售方式。而且，他希望以后可以从事销售与木艺相结合的工作。不论是汽车轮胎销售还是木制品销售，其本质都是一样。善于做销售的人总是很能吹，但他们并不是在贩卖商品和服务。有能力的销售人员总是能比其他人更快地找到与顾客沟通的渠道。他们卖的是亲切感和认同感中衍生出的信任。商品和服务不过是在这种信任的基础上得以流通。由此可见，所谓销售能力就是一种亲和力，所以要想加强销售能力就要强化自身的亲和力。

木艺是一门精致的手工活，它讲究手工能力和艺术修养，与汽车轮胎销售所要求具备的才能完全是南辕北辙。自幼就擅长手工、热爱艺术的这位志愿者自然是无法满足于做一辈子轮胎销售的。于是他开始学习木工并制作木制品。在学习过程中，他的抽象思维能力、动手能力、亲和能力相互发生了协同效应，使他的潜能得到了最大程度的发挥。现在他已经把自己制作的不少木工艺品送给了顾客，还与对设计、木艺感兴趣的顾客一起交流学习。在这一过程中他找到了属于自己的职业乌托邦。由此可以看出，只要把相对比较强的技能结合起来发挥作用，就能找到我们的职业乌托邦。

2. 沉浸在那些感兴趣的工作中吧

既有才能又有感兴趣的工作才能实现华丽变身。只有做那些想做的事情，我们才会甘愿付出热情。这也解释了为什么相同的技能在不同的领域却会表现出不同的水准。例如，记不住英语单词的孩子却能一字不漏地记下流行歌词，记不住历史人物名字的学生却对棒球选手的名字如数家珍。

这是一个与兴趣和梦想有关的话题。同样的人在不同人面前获得的好感值不同，同样的才能在不同领域中获得的发挥程度也有所不同。比如，同样是体育爱好者，有的喜欢体育舞蹈，也有的喜欢足球运动。还有人喜欢射箭、射击等单人运动。总之，只有当卓越的才能与热爱的领域相结合时，才能迸发出激情的火花。

才能与职业并不是一对一的关系。同样的能力在不同领域中能发挥出不一样的效果。例如，作家和记者擅长用表达能力来记叙事件；销售、心理咨询师擅长用表达能力来博取信任；哲学家、律师、教师利用表达能力来说服他人；戏剧家、诗人、广告文案、小说家利用表达能力渲染文字、表现自我。总之，找到最能发挥自己才能与特性的职业领域就是成功之道。

不是所有付出都有回报。有回报的事情我们自然愿意投入更多努力。在这里，回报不仅仅指物质上的收获，更是指精神上的激动和喜悦。金钱只会让人感受到责任与义务，并不会诱发激情。以金钱为目的的劳动让我们变得有责任感，却不可避免地使人生变得枯燥无味。而真正伟大的作品都是激情的产物，因为兴趣才能让人沉醉。所以要想创造真正伟大的事业，就一定要强化自己感兴趣的领域，将激情转化为能量。如果你还没有找到理想职业，就请专注于手头工作中那些感兴趣的任务，力求将这些任务做到最好。

热情是一种梦幻。它能让我们感受到生命的喜悦，能让我们听见内心真实的呼喊——“是的，我真正活着。”当浮士德对着恶魔梅费斯特大喊“停下吧，这一瞬间如此美丽”时，当他失去灵魂也在所不惜时，他才感受到了真正的人生，感受到一种其他任何方式都无法获取的狂喜。“把钟爱的事业做到最好，感受到自己的真实存在。”只要你达到了这一境界，成为行业精英就是早晚的事情。

3. 跟上世界潮流

除了热情与才能，我们在寻找自己的职业乌托邦时还需考虑一个因素，那就是世界潮流。尤其要关注主流趋势，掌握了主流趋势你就能抓住时代变化的脉搏。

未来是宽广的，还是狭长的？

这是美国行为艺术学家劳里·安德森在表演中向观众提出的问题。尽管这个问题有些无厘头，但的确能引起人们对未来的深思。如果你认为未来开始于过去，正经过现在朝着某个方向前行，那么未来在你眼中，就是某种具有方向性和流动性的“长物体”。在这种情况下，我们可以站在过去与今天的延长线上眺望未来。如果你认为未来是宽广无边的，那么未来就是拥有无数可能性的复杂多元化世界。从某种层面上来说，这个问题的回答反映了一个人的思考方式和精神态度。

你是怎样看待未来的呢？在你眼中未来是长的还是宽的，或者是其他形态的？不同人眼中有不同的未来。悲观主义者眼中的未来是“危险物品”，冒险主义者眼中的未来是“末日狂欢”。大概只有那些官僚主义者才会觉得未来是“拥有无限可能性的世界”。对我而言，未来就像小孩子笔下的太阳，光芒万丈，充满希望。我相信，任何人只要跟随才能与热情的阳光前行，就能走得很远。

现在开始你需要注意的4种特殊潮流：

未来的趋势有无限可能，我们不可能了解每一种趋势。但我们有必要记住几种主流趋势。主流趋势通常拥有30~50年的生命力。这些趋势的扩散范围极广，对我们生活的各个领域都造成影响。同时它们又是全球化的，在世界任何一个地方都能感受到。只有同时具备扩散范围广和全球化这两种特性的趋势才能称为主流趋势。有人一听到主流趋势就会说：“这个我以前听说过了，没什么新意。拿出点让人眼前一亮的东西吧。”这种想法是危险的。主流趋势的力量不在于新潮，而在于对日常生活影响的广度和深度。所以，我们只要注意那些具有持久影响力的东西就可以了。

让我们看看目前影响力最大的几种主流趋势对我们的事业有什么影响。

第一是老龄化趋势。目前几乎所有的发达国家都出现了人口老龄化，韩国也不例外。老龄化现象来势汹汹，让人始料未及。它代表的不是个体的衰老，而是整个人类社会的衰老。哲学家和民俗学家克洛德·雷比斯特罗斯曾经说过，“与人工统计学上的灾难相比，共产主义社会的崩塌根本不算什么”。经济学家预测，大约到2020年，发达国家的人口战争中，老人将开始处于有利地位。因为到那个时候，老人将占到社会的大多数。2006年，日本65岁以上的人口就占到了总人口的20%，提前进入了超老龄社会。欧洲大部分国家也将在2020年进入超老龄社会。而韩国大约将在2026年开始进入这一阶段。

老龄化趋势将会给我们的事业带来怎样的影响？正所谓“岁月不饶人”，上了年纪的人自然只有淡出社会。尽管人类比以前任何时期都更长寿，但却在更年轻的时候就要被社会淘汰，这不得不说是一种讽刺。世界上任何一个地方都没有终生饭碗，所以我们必须在比以前更短暂的职场生活中，赚更多的钱来支撑更长时间的生活。因此，现代人的后半生模式变得很清晰，即终生工作。如果上了年纪仍然做一些廉价的体力活来维持生计，实在是非常艰辛。因此，我们必须打造具有不可替代性的必杀技，将自己培养为优秀的专家。趁年轻做好准备，这是老龄化趋势对我们提出的新要求。

第二个主流趋势就是新型劳动。知识社会的劳动大部分都是充满创造性和独特性的服务产业。临时雇佣关系开始增加，市场中出现了越来越多的个体企业家。这一趋势改变了全球的劳动市场。

根据基蒙斯“未来模型”的预测，在未来社会里，传统意义上的劳动者，即原材料采集和农业从事者仅占全体劳动人口的15%。职场人、商人、普通服务业工作者将达到总劳动人口的50%。而剩下30%的人将成为美国社会学家理查德·佛罗里达所谓的“创意阶级”从业者。这一群体就是在知识社会的背景下靠专业知识来赚钱的人。咨询、培训、销售、管理、研究开发、教育从业者都属于此类。从整形外科医生到按摩师，从经营咨询师到个人培训师，所有这些人都属于创意服务领域。在美国，这一领域的从业者人数已经达到了全体劳动人口的30%以上。随着劳动契约方式的改变，临时雇佣关系增加，个体企业家也越来越多。许多人开始以自由撰稿人或个人代理商的身份工作，他们为了保持自身专业性而需要终生学习。现有的服务从业人员从事着分配的任务，创意阶层却不按命令行事。他们拥有自己的设计方

式，偶尔会让顾客头疼。但顾客正是需要这种不可取代的专业性服务。当然，他们并不只是埋头工作，他们拥有自己的投资计划和终身学习计划，他们按照自己的事业模式行动。比较特别的一点是，他们可以根据自己的生活条件或心情状态随意选择工作场所、工作时间等。

专业知识就是新时代的原子弹，市场已经开始为个人服务。正如社会学家萧沙纳·祖博夫所言，人们纷繁的日常生活已经离不开个人服务。他预测，将来所有的领域都会成为个人市场。现在，OECD国家中，服务类行业已经占据了GDP的85%。

第三个重要趋势是女性崛起。女性们正在变得越来越聪明。100年前，女性是不能接受教育的。但现在世界各地的女学生人数都开始超过男学生，不少女学生的成绩比男学生还好。政治、社会、文化的各个方面都有女性的参与，但女性生育率却在不断下降。现在有不少全职夫妇中，妻子赚的钱比丈夫还多，丈夫只有在家里做家务。在伦敦，收入低于妻子的男人有40%以上都是全职主男。男主外女主内的传统生活方式即将成为历史。婚姻生活也开始变得不同。人们不再把生孩子作为结婚的首要目标，而是追求一种保留独立空间的同伴关系。即丈夫与妻子各有各的事业圈和朋友圈，各赚各的钱。

有一个笑话很好地反映了女性在社会和家庭中影响力的扩大。有人向100个不同年龄层的流浪汉提问：你们为什么会被赶出家门？不同年龄段的流浪汉有不同的答案。20岁男子因为早上叫妻子起床做饭而被赶；30岁流浪汉因为随意更换电视频道而被赶；40岁流浪汉因为无法满足妻子的性需求而被赶；50岁流浪汉因为问妻子是否好好管理了自己的退休金而被赶；60岁流浪汉因为在妻子外出时要求同行而被赶；70岁流浪汉因为询问妻子的去处而被赶；80岁的流浪汉仅仅因为瞟了妻子一眼就被赶；90岁的流浪汉被驱赶的理由实在是妙——因为他到现在还没有咽气。

随着女性经济实力的增强，女性在消费中占据了80%的决定权。现在不考虑女性的生意是行不通的。在女性思想的影响下，设计和色彩成为商品卖点，外形成为商品价格的决定性因素，社会道德变得比欲望重要，高触感变得比性能重要。

第四种重要的主流趋势是LOHAS（Lifestyles of health and sustainability）。所谓LOHAS，就是指重视个人健康与社会可持续发展的消费观以及注重环保和新能源的生活方式。LOHAS象征着个性与自律。我们正处在传统文化与现代文化的过渡时期。我们的社会中仍然存在着某种支配国家、宗教和家庭的传统价值观，每个人都必须在这种价值观的范围内行事。但西方社会的思想革命浪潮使传统价值观受到了很大冲击并趋于瓦解。我们的传统价值观也不再像以前那样牢不可破。在当今社会，宗教、国家已经无法再像从前那样对个人行为产生强大约束力。多样化的价值观有了存在的空间，LOHAS也随之产生。对LOHAS一族而言，价值观是一种自主选择，且必须与自己的生活方式一致。他们是独立的代名词，对商品、服务有个性化要求。他们希望从普通人群中脱颖而出，希望市场能够满足他们的特殊需求。所以他们是“SEGMENT OF ONE”，也就是市场细分的对象。随着LOHAS一族的出现，顾客至上型的生产与品牌开始越来越受到重视。

他们按照“要A也要B”的AND逻辑来生活。他们既有不脱离现实的保守性，又有开放新思想的进步性。既有超物质主义的生活哲学，又追求健康务实的快乐。他们既重视肉体的享受，又在意识流中享受与自然的亲密接触。他们既渴望从复杂生活中得到解放，又对各种新生活充满好奇。

让我们看看LOHAS会给我们的事业带来怎样的变化。“ECO”这个词已经成为目前所有商品和服务最喜欢用的前缀了。食物上如果贴了ECO字样，就说明质量得到充分保证，所以价格高出几倍也有买家。昂贵的低脂牛奶或无脂牛奶、无农药大米和无公害蔬菜大受欢迎。现在，未经开发的原始和粗糙感象征着自然的健康，所以有虫眼的蔬菜总是卖得特别好。在柬埔寨航空公司的飞机上，吴哥窟旅行被宣传为ECO TRIP。ECO 服务散发着环保光芒，遍布我们生活的每个角落。现在，瑜伽、登山、骑自行车成了最受欢迎的健身方式。所有的地方政府都拿“绿色、宜居”作为宣传城市的噱头。能源企业和汽车行业努力开发新能源项目，政府也为环保投入大量预算。ECO俨然已经成为当今最热门的词汇。

现在，各大企业也正抓紧时间开展可持续经营。世界最大的手机生产商诺基亚已经发表宣言，公司将成为远离环境问题、劳资问题、人权问题的企业。一个知名跨国企业曾因为被曝光雇用童工做足球而被称为“榨取劳动血汗”的黑心企业，为了改变公众形象，该公司付出了巨大努力。“发表可持续发展宣言”是值得鼓励的行为，世界知名企业现在已经争先恐后地加入了这一行列。

打开终生职业之门

经过前面一章的学习我们已经知道，才能是藏在我们身体里的宝藏，如果不努力挖掘就会白白浪费；热情是我们奋斗的动

力，能让我们的才能得到更好的发挥；主流趋势是我们的风向标，帮助我们找到正确的奋斗目标。只要掌握了这三个条件，我们就能打造专属自己的必杀技。必杀技不仅仅是一门技术，更是追求成功事业的宏伟蓝图。你希望在这个世界获得怎样的称谓，这个称谓就是你的“职业乌托邦”，它将成为你名片上独一无二的名称。

凭借“变化经营专家”这一职业乌托邦，我在市场上找到了自己的位置。整个过程是这样的：我第一步确定了自己的才能。首先，我的语言表达能力相对比较出色，所以我希望培养自己的演讲能力和写作能力，靠语言和文字来表现自己。其次，我的逻辑思维和综合分析能力还不错，所以我希望培养自己设计经营改革模式的能力。最后，我还拥有很强的自省能力，总是能不断发现自己的潜能和激情，所以我希望自己在企业变化经营之外从事一些个人开发的工作。

此外，我总是对改变充满兴趣。我的专业是历史学，我的内心总有一种改变历史的冲动，一想到改变我就热血沸腾。当时由于某些原因我没能继续学习历史而转入了职场。在职场中我并没有感觉到快乐。但在担任经营改革工作后，我终于找到了开启内心热情之门的钥匙。我开始觉得“这份工作还不错，做起来很开心”。后来我找到了现在的工作领域，从此沉醉其中。曾经也有一些人对我的行为无法理解，他们总是劝我多做一些切合实际的事情。但我相信，“变化与改革”将会成为我终生为之奋斗的事业。

我相信“变化”这一主题是符合世界发展趋势的。我所从事的工作中有9个潜力任务：框架设计、演讲、咨询、PPT演示、宣传、改革模型制定、系统化整理。这些潜力任务总使我充满热情，沉醉其中。20世纪90年代，在我还是一个小上班族的时候，职场上很流行一种“业务流程二次设计”。这与最近流行的六西格玛法则颇为相似。企业一窝蜂地投入到BPR中。当时，作为BPR的实际操作者，我比任何人都了解它的作用，并预感到了这一职业的光明前景。我发现自己不能满足于做一个小小的经营改革组组长，我要摆脱月薪奴隶的生活成为大韩民国最优秀的改革专家，我要当作家、咨询家、演说家。多年的实际操作经验和不断的学习让我打开了变化经营这一终生职业的大门。

参加必杀技训练的志愿者们在分析自己的才能、兴趣并了解世界趋势之后，描述了自己的职业理想。让我们看看他们都有些怎样的职业理想吧。

一位经营幼儿园的个体户称自己为“ECO-KID GARDNER”。她是一名业余画家，既有绘画天赋又热爱艺术。她设想将儿童与自然结合，创造一种绿色儿童教育法。她还准备出一本儿童书，手绘各种花草鸟鱼，并用简单的语言来描述。

一位做培训工作的志愿者认为自己的优势是乐于助人、健谈、敢于创新。他把自己定位成“自我升值咨询师”。

一位在大学做行政的志愿者，他冷静、逻辑性强、富有批判精神。他想离开现在工作的大学，去实现“大学经营改革家”这个职业乌托邦。

一位牙科医生的志愿者希望自己成为“医院文化专家”。他想在做牙科医生的同时，从事牙科综合咨询和教育培训。他的优点是善于规划未来、口才好。在必杀技项目的进行过程中，每次轮到他发言的时候他都会做精彩演讲。

一位在会计师事务所税务部门工作的会计把自己定位成“赋税案例解说专家”。作为一名会计师，他原本就前途无量。但是他却喜欢研究那些收集来的赋税案例，希望培养自己这方面的专业性，以后到电视上做案例讲解。

一位在造船局负责环境技术的工程师志愿者称自己为“环境技术专家”。他希望获得环境技术方面的专利，成为该领域最优秀的专家。

一位目前正在做投资顾问的个体企业家把自己定位成“理财咨询师”。他希望帮助那些对投资一窍不通的职场人，使他们懂得如何轻松规划自己的人生。这既是他的目标，也是他确保自身优势的法宝。

提前写下你的成功传记吧

在上一节中我们已经完成了“职业乌托邦”，现在我们要对它进行阐述，写成一个供自己和他人阅读的故事。我把这个故事称为成功故事。成功故事就是你提前写下的人生自传。

在这一节中，我们将对人生进行生动的再创造，并描绘未来美景。通过这一步，我们的梦想将会从模糊走向具体，从简单走向精致。当我们写下逼真的未来神话时，未来就会真的朝着那个方向前行。从现在起你再也不必只能为别人的成功传记而受到鼓舞，你的成功传记就在眼前，它将指引你走向未来。成功故事好比童话故事里的南瓜马车，它将载着我们实现梦想。我们要把成功故事描绘得栩栩如生、感人至深，要相信人生就在故事里，故事就是我们的人生。

你可以把创作成功故事的过程看做一次心灵的冒险或是思想的革命。要相信，你的梦想具有神奇的力量，在这种力量的指引下宇宙万物都会给你加油助威。在书写自己的成功时，请参考以下几项原则：

首先，描绘自己最想看到的美丽风光。想象那是一个与现在截然不同的新世界，在那个世界中你拥有新的生活，你变得更加自由独立，你因为梦想的实现而热血沸腾。通过这一步骤，你将找到内心深处的激情。

其次，假设自己在某个场景中向听众讲述成功故事。这样做是为了让你更加明确自己的讲话内容，把故事讲得更加精彩生动。如果你不知道如何设计场景，就参考一下2005年6月斯提夫·詹姆斯在斯坦福大学毕业典礼上做演讲的场面吧。他经常说自己“总是勤奋而愚笨地走在自己的路上”，他的人生故事已经成为现实版神话。人们对他一手创立的APPLE津津乐道。你可以想象自己像他那样站在大学毕业典礼上畅谈成功，也可以想象自己在新书发表会上发表感言演讲，还可以想象自己在电视上风光地接受专访。

我们该对听众讲些什么呢？当然是自己的成功故事了。讲出自己的故事，让我们从内心深处相信，自己的梦想就是一个被世人传颂的经典。

让我们来听听必杀技项目中，一位以“家具设计师”为职业乌托邦的志愿者的成功故事吧。他梦想自己从汽车轮胎销售变为个性化概念家具设计师，同时从事家具销售。他假设自己在2020年11月1日接受了报纸专访，下面是他的专访内容：

优秀家具设计师崔胜宇的人生故事

2020年11月1日　　《××日报》记者

韩国最具代表性的家具设计师崔胜宇先生在10月刚刚举行了个人作品展。作为一名设计师，崔先生一直强调家具的价值是life而不是living。他多次在大型赛事中获奖，并活跃于传媒界，是新概念生活用具的倡导者和先驱。尽管他并非设计专业出身，但他正是凭借自己的独特视角而打造出了许多个性作品。下面是我们对崔胜宇先生的专访内容：

首先祝贺您的个人展举办成功。能为我们介绍一下您这次的个人展吗？

这次展览是对我过去10年的回顾。作品囊括了我10年前刚刚涉足家具设计时的作品一直到最近的创作。这次展览既是对我过去10年的总结，又是对我将来10年的展望。仔细观察就会发现，每个时期我的家具设计概念都有所不同。

不少人评价，您的作品既大众化又有个人风格。那么到底什么是“为life而非为living”的家具呢？

在鲍勃·莫怀德的文章《我们时代的疾呼》中，有这样一段话："我们虽然学会了怎样维持生计，却没有学会如何享受人生。我们的年岁不断增加，生活阅历却没有增长。"10年前，正是人们努力摆脱生计、寻找真我生活的时期。尽管现在看来这种需求是理所当然的，但在当时却很难实现。我希望我的家具不是大批量生产的商品而是个人生活的反映。所以我决心打造一种融入了个人风格的家具。这就是我设计家具的初衷。所幸的是，我在追求真我生活的同时，也顺便解决了生计问题，当然这是一句玩笑话啊。（笑）

您并非科班出身，是如何成为家具设计师的呢？

我本身的专业是机械工学。大学毕业后，在一家外资企业里做B TO B销售。2009年，我开始下定决心过自己想过的生活，又通过与优秀老师、志同道合的朋友们的接触，我决定了要成为家具设计师。看我的手吧，全都是老茧。手上的皮肤比脚还粗糙，实在是很不可思议吧？这上面每一个老茧都是我苦心钻研和努力奋斗的证据。它们证明了我1万小时的艰苦准备，证明了我对10年前维持生计的销售工作和如今的家具设计工作的全部热情。这双手粗糙不堪甚至有些丑陋，但我因它而感到幸福。

听说您现在的住所本身就是一件作品？

我现在住在距离首尔1小时车程的千元道。我的家是一栋靠江的全玻璃双层别墅。工作之余我就站在窗边，欣赏不远处的滔滔江水和湛蓝天空，10年前的梦想就在眼前。家是我与家人的私密空间，但还是有些人慕名而来。整栋房子从设计到内部装修全是我亲手完成。1楼是工作室，2楼是生活区域。在没有现在的家之前，我租了一套郊外的房子，也是自己亲手做家具，还把过程放到了互联网上。在一个清水建筑里放满家具，绝对不是想象中那么简单的事情。当时我真是抱着破釜沉舟的心态来做这件事的，为此还招来不少周围邻居的埋怨。直到那个时候，我才终于懂得为什么僧人最需要的不是木鱼棒而是亲和力（笑）。在那之后，我一边在汽车轮胎销售部门工作，一边做一些业余水准的家具，送给客户或亲戚朋友。所幸的是，这样做既满足了我的兴趣爱好，又对我的工作有很大帮助，实在是一举两得。

听说您最近出了一本与家具有关的书，能给我们介绍一下内容吗？

这本书介绍了几种不同类型的家具。比如满足个性需求的、改善周围环境的、具有异国特色的等。我还把自己成为家具设计师前的个人经历写在了里面。比如我擅长多种外语（尤其是日语和意大利语），曾经做过销售与许多人打交道，这些经历对我成为家具设计师有很大帮助。任何人都有属于自己的天赋。比天赋更重要的是，我们要做自己擅长的事，做自己想做的事。我希望通过我的感悟与实践帮助其他人，所以写了这

本书。要想知道我的成功秘诀，就看我的书吧。

您下一步的计划是什么？

希望能制造出真正的经典家具。也希望我现在进行中的作品能够尽快完成并取得满意的成果。最近的目标是把我的个人品牌KIM'S HANDS做大做强。

再次，假设这美丽的成功故事已经变为现实。要告诉自己，这伟大的神话不是单纯的美好愿望，而是以后必将实现的人生计划。要相信，此时此刻它已经发生！在这里我们要引出“未来回顾”这一概念。所谓未来回顾，就是试图让“想要的东西”与“实际形成的东西”构成一致，将期待发生的事情当做已经发生的事情。这是一种充满神秘力量的咒语，通过咒语我们能获得超自然的宇宙力量，用精神意念把可能发生的事情变成现实。只要将未来想象成已经发生的事实，我们就能获得克服万难的力量。这就是所谓的“未来回顾”。

未来回顾与正常思维模式相比，更能发挥我们的潜能。制订计划时，我们总是以当前为出发点，故此很难摆脱现实的束缚。一旦我们的思维远离了现实，大脑就会警告我们“这是不切实际的妄想”。但是通过“未来回顾”，我们走进了未来的成功故事。在这种状态下，时间不是从现在流向未来，而是从未来流向现在。通过这样的模式，我们不再受到现实的束缚，得以充分发挥自身潜能。

让我们看看志愿者是怎样进行未来回顾的。下面这位志愿者是刚刚进入某大型企业的人事部职员。他的职业乌托邦是“自我进化专家”。下面是他对未来人生的构想。在读这段成功故事时，我眼中浮现的是一个每天都在享受生活的职场人。

今天是行动科学研究所成立1周年的日子。说是成立，事实上连像样的办公室也没有，职员也不过是两个来帮忙的热心人士。在公司里，我有3个职称。HRD经理、行动科学研究所所长、职业开发中心负责人。过去1年里，我以这三种身份幸福地生活着。早上，我以HRD经理的身份制订人才培养计划，管理培训后期事宜。到了中午，我变身为行动科学研究所所长和职业开发中心负责人。当然我的工作地点并没有改变，改变的只是顾客，还有我的角色。

过去10年时间里，我为HRD系统开发倾注了全部心血。其中我最重视的是CDP开发企划部分。我的目标是制作出能让企业和个人实现完美升级的创意CDP，在历尽艰辛之后，我终于在两年前成功开发了新模式。现在，我的职业开发中心成立了。行动科学研究所将收集到的资料和数据进行分析，并整理成文件。职业开发中心就利用这些文件为企业和个人提供参考意见。

到现在为止，已经有200名职场人通过实验项目分析了自己

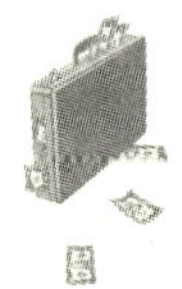

的经验和特质，找到了新的事业领域。现在我们还时常收到这些职场人寄来的感谢信。增加投入才能提高生产，所以我在公司里增设了职业开发中心。马上2点了，我又该去见新顾客了。我要好好整理到目前为止的职业案例和成果，仔细读读上周的报告书。会见的结果会是怎样呢？没有人知道。未知让人心驰神往。寻找未知的过程充满快乐。

最后，在这一阶段中要尽情发挥想象力。要释放你那些被束缚已久的想象力。忘记你的年龄、你所处的环境和当前的条件。忘记对未来的恐惧。忘记这一切，才能让才能与梦想充实你的大脑。想象自己也可以和那些成功人士一样，把平凡变得不平凡。1943年，温斯顿·丘吉尔在哈佛大学毕业典礼上曾经说过，“未来的帝国将是思想的帝国”。这句话完全正确。过去的思想体系无法运用于未来，过去的经验跟不上现代社会日新月异的进化速度。思想的帝国是一个构筑在想象力之上的世界，这个世界中一切皆有可能，一切可能只属于充满想象力和创造力的人。

想象力发挥过度很容易脱离现实。但是你完全不必担心，梦想的世界中本来就没有现实。既然做了梦，就要做那些很难实现的梦，这是做梦者的特权。从这种角度来看，梦是我们所有计划中最了不起的一个。正是那些敢于有疯狂梦想的人创造了人类社会的进步。当然，梦想离不开实践。找到梦想与实践之间平衡点的唯一办法是“像明天是末日一样去生活”。这就是我在必杀技第五步中即将讲到的内容。

未来美景必须是生动而清晰的。在畅想未来的时候，你需要描述一些感人而具体的细节，这时就请你尽情挥洒想象力和写作能力吧，让你深藏不露的非凡才华大放异彩，让所有的听众为你而倾倒。

对我而言，成功故事既是一个神奇的咒语，又是一场精彩的魔术。当你相信它的真实存在时，你就会从语言、思想、行动上自然而然地作出改变，自觉地投入时间学习。现在故事已经开始上演，你必须毫不迟疑地朝着未来前进。

狮子的王国里找不到骆驼。从现在起，做一切你爱做的事，做一切你想做而不敢做的事。现在还有什么不可以？成为狮子的我要向世界宣告：我就是自己人生的主宰。

打造成功故事的方法

1. 描绘职场乌托邦的最美丽景象。

先回答这个问题：必杀技修炼成功后，你会变成什么样子？然后，不要为任何事而恐惧，不要想自己现在身处何方，随心所欲地设想一种美景。那是能让你感受到人生充实感的美景，那是你从骆驼变为狮子后看到的美景。

2. 假设一个活动。

假设有一天，全世界的人都知道了你的成功。只要是你的演讲，台下总是座无虚席。现在，你就站在讲台上讲述自己生命中的辉煌成就与变化。你希望讲些什么呢？将你想要讲述的故事写下来吧。这个故事就是你成功故事的原型。

3. 回顾未来，用过去时来写你的成功故事。

成功故事不是纯粹的幻想，也不是有可能实现的计划。请相信，它是已经发生的过去，是未来对过去的回顾。在成功故事里，未来是已经实现的事实。

4. 将禁锢已久的想象力释放出来。

打开所有被现实禁锢的窗户。扔掉“被驯化的头脑”和“被束缚的价值观”。像小孩子一样去幻想，去做梦，去勾勒一切。

坚持

每天2小时，成功人生等着你

每天2小时的努力将打造出10年后年薪百万的你。要想练就过硬的本领成为行业精英，就要像做健身一样每天持续不断地投入时间和精力。

把明天当成末日一样去实践吧

必杀技训练进行到这一步，将从梦想的世界重归现实。这一步的核心是：每天在同样的时间点花同样多的时间做同样的事情，就能取得巨大成功。计划总是太复杂，实践却是那么简单明了。JUST DO IT!——去做就好。但是这一点恰恰是很多人无法坚持的。不是做得断断续续，就是半途而废。让我们一起来克服实践的难题。

在计划书里，理论是有趣的，表格是漂亮的，数据是科学而精准的，但实践起来这些都派不上用场的。

简单才是王道。

只要我们把明天当成末日，努力地过好今天，就能逐渐把优秀变成一种习惯。没有每天一点一滴的小努力，就没有未来灿烂辉煌的大成功。伟大的钢琴家鲁宾斯坦是个音乐天才，他自幼就学习钢琴，每天坚持刻苦训练。后来他变得有名了，也懒惰了。每天风光无限的他渐渐遗忘了练习的重要性。在消沉了很长时间后，他发出了这样的感慨：

“尽管我很难过，但我不得不承认我并不是那么优秀。我沉迷女色、放浪形骸、夜夜笙歌、穷奢极欲。这一切的一切都让我无法专注于事业。我的演唱会全靠吃老本，我没有欲望去完善演奏技巧。我无心打造完美的演奏，只要整场演出能让听众感觉‘听上去还美’我就满足了。我唯一擅长的只不过是利用一次次的安可让听众疯狂。说白了，我没有一首曲子称得上完美，也找不到一首值得骄傲的招牌曲目。我知道我是天生的音乐家，但我并没有好好发挥自己的天赋，而是靠它胡乱混口饭吃。是的，我就这样浑浑噩噩地活到了现在。”

一番深刻反省之后，鲁宾斯坦一改自己放荡的生活作风，重新开始每天练习演奏曲目。刻苦的训练让他再次成为了优秀的钢琴演奏家。后来，年逾80的他依旧保持着高水准的演奏水平。这就是每天练习的力量。每天一点付出，让我们越来越强。没有每天的坚持练习，就没有优秀的画家、演奏家、作家。在没有练习的日子里，任何名家都不敢自称为“家”。

必杀技训练项目是一个中短期计划。我们已经深刻明白，

仅凭分配的任务，你即便花10年时间也不能成为专家，顶多只能成为业务精通的打杂高手。只有当你试图展开个人经营时，必杀技的修炼才算开始。首先，你要从适合度高的重要任务中选出潜力任务，力求把这些任务做到完美，确保自己的优秀专业性。但仅凭公司分配的这些任务，你会成为“退休不退职”的个人企业家。所以你还必须打造自己的新核心任务并不断完善，只有这样才能打造“完全适合自己的完美事业”。这个梦想实现的那一天，我们的职业乌托邦将不再是幻想。要相信，只要我们勇于实践，梦想中的成功故事就能成为一段动人的历史。

所谓实践，就是坚持每天投入固定时间进行集中训练。在实践中最容易犯的错误，就是不先对自己杂乱无章的生活进行整理，直接就开始新的时间投资计划。试想你一边培养新习惯，一边像鲁宾斯坦一样每晚呼朋唤友、沉迷女色、贪恋美食，怎么可能练成必杀技呢？因此，在制订新计划之前，我们必须对过去杂乱无章的生活和坏习惯说再见。只有这样，我们才能确保有更多的时间来创造未来，才能确保自己不会半途而废。删除那些不必要的任务，将省下来的时间用来投资新计划。

潜力任务和新核心任务的训练是一场与时间的赛跑。我们应该将60%的时间投入潜力任务，并力求做到完美。大部分潜力任务都源于公司任务，所以每天练习是可能的。

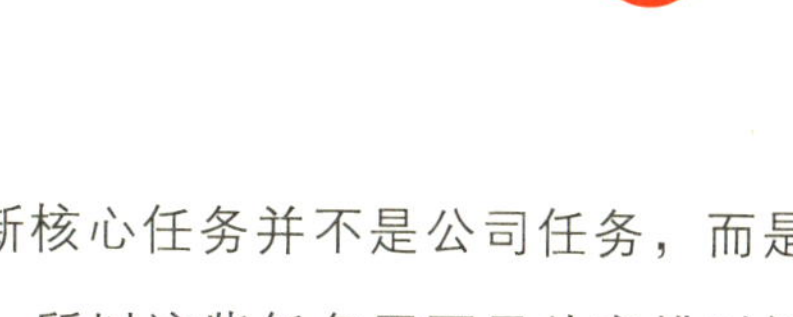

必杀技第四步中找出的新核心任务并不是公司任务，而是自己根据需要而重新打造的。所以这些任务需要另外安排时间进行训练。尽管这些任务与手头工作多少有一些关联，但大部分公司都是不允许职员在工作时间内做私人事业的，除非你是在Google和戈尔这样开明的公司。Google的内部制度是：员工可以对工作时间的20%进行自由安排，做自己感兴趣的事情。戈尔则是每周有一次游戏时间，职员可以在这一时间段内做任何与工作无关的创意活动。相信以后，像Google和戈尔这样开明的企业会越来越多。

目前大部分企业中，职员的自我升值都只能在工作时间外进行。公司不仅不会提供时间和资金，甚至还会有管理者认为职员的自我升值行为是一种玩忽职守。当然也有一些公司会为职员报销英语培训费和大学进修费，但大部分的上司仍然不喜欢职员从事诸如写作、演讲之类的副业，即使这些副业与职务有紧密联系。他们会认为这种热衷副业的职员缺乏稳定性，跳槽可能性高。事实上，管理者也是受传统价值观影响很大的一群人，他们总觉得如果不在下属面前展示出权威性就是一种无能。所以，他们暗地里总是认为，“思维活跃且充满创造力的部下是非常危险的”。

练就必杀技是属于我们个人的事情。利用工作时间完成潜力任务的训练是可以允许的，但要想训练新核心任务就要投入额外的个人时间。在打造必杀技的过程中，即便我们发现有的新核心任务与工作有关，也应该尽量用自己的私人时间训练，以避免一些不必要的误会。总之，我们要努力训练自己的潜力任务和新核心任务，尽快找到属于自己的终生职业。

每天都要对未来做投资

在必杀技第五步中，我们需要每天额外抽出2~3小时来进行训练。2小时不过只占24小时的8%。这2小时可以看做我们为自我升值而做的投资。没有投资就没有未来。没有准备地迎接未来，我们就只能在过去原地踏步。“对自己的未来进行投资”——这是当今时代对我们提出的要求。

1997年夏天以来，我一直坚持每天清晨四点起床写作。每年光是写作就投入了差不多1000小时。最近10年间，我总共出版了15本书。这全都要归功于我每天清晨的辛勤耕耘。在我看来，清晨是一天中最神圣的时刻，比任何时间段都要重要。我经常说我的一天只有22小时。这是因为2小时写作完成之后，我的一天才算真的开始。

每天2小时养成的新习惯，让我从一个平凡、贫苦，在职场打拼20年的“月薪奴隶”，在40岁之后突然获得了巨大成功。这种喜悦无法用金钱来衡量。现在我过着渴望已久的狮子生活，每天充满幸福。“做自己想做的事，从容不迫地生活。”——这就是我所认为的最完美生活。我为自己成为又一个见证完美的平凡人而感到荣幸。

作为职场人，每天抽出2小时进行训练并非难事。下面的方法值得借鉴：首先，利用必杀技第四步中完成的EREC表格，找出日常生活中不必要的习惯和重复任务并删除。这样做确保了充足的投资时间。其次，为训练新核心任务而培养一个新习惯。“制订一个计划，每天在固定的时间段完成同样的任务。”最后，适时地取得一些小成功，让自己的信心源源不断。即便是一些不起眼的小胜利，也能让你的内心更加坚定。

培养习惯的三个绝佳方法

培养习惯的秘诀1
——找出那些可以删除或减少的事

世界上没有可以浪费的资源。像时间这样宝贵的资源更是应该加倍珍惜。怎样才能合理利用我们的24小时呢？打个比方，生活就是一场足球比赛，任务就好比一个个球员。作为教练的我们必须在适当的时间安排适当的球员上场，如果想换一名新球员上场，就要换下一名旧球员。所以，要想完成一项新任务，就要删除或削减一项旧任务。让我们通过“EREC表格”，来找出那些生活中应该删除、减少或创造的任务吧。

实践游戏8 ★★★

利用EREC表格重新分配自己的24小时。（1小时）

在成为变化经营专家后，我开始思考目前生活中哪些任务是应该删除或减少的。首先，我认为应该删除的是酒。酒这种东西总是一喝高兴了就停不下来。所以我一般把商务会谈安排在午饭或下午茶时间。每周顶多只和亲朋好友喝一次酒。其次，我认为应该限定演讲的次数。我规定自己每周最多做3次演讲，每个月最多做10次。有时候碍于情面不得不一周做3次，但每个月不超过10次是我坚持不变的原则。

在谈到生活中应该删除或减少的项目时，不少参加必杀技训练项目的志愿者都表示自己要减少看电视的时间，有的甚至决定把电视机藏起来。此外，也有不少人认为网上购物、电脑游戏或频繁的应酬都是删除的对象。一个人精力有限，不可能做好所有事情。所以，为了把某些事情做到最好，就一定要删除一些别的事情。另外，一定要记住“说到做到”，这是决定人生成败的关键。

培养新习惯并确保每天在固定时间进行练习，这一点非常关键。同时还需注意的是，在固定时间内一定要做与核心训练相关

的事情。千万不能定下时间之后又做一些乱七八糟的事。此外，固定时间内应该只做一件事情。不能说今天在这一时间段工作，明天又在这一时间段读书，后天又心血来潮准备考试。一旦定下了做某件事情，就要在达成目标之前不懈努力。这与在健身房练肌肉的原理是一样的。只要长期坚持做一件事情，你就能掌握事情的要领并融会贯通。随着你的境界提升，你懂得的东西也会越来越多。那时候你就会发现，训练再辛苦也是值得的。

培养习惯的秘诀 2
——每天在同一时间集中精力做同一件事

在高速公路上坐车时，必不可少的零食就是核桃饼了。每个休息站上的核桃饼味道都略有不同。外酥内嫩的核桃饼再加上热腾腾的美国咖啡，一定会给你的旅途增加许多乐趣。每当我们花2000韩元买核桃饼的时候，就能看到核桃饼的制作过程。原来核桃饼也是系统化生产的——相信仔细观察过的人都会发出这种感叹。核桃饼的系统化生产过程如下：首先，按照设定好的程序，将加热的核桃和面粉糅合在一起。其次，在核桃面粉混合物中放入香喷喷的红豆，并来回转动。最后，烤熟的核桃饼从机器里出来，被装入纸袋。整个过程就是简单的机械重复。可不要小看机械重复，我们之所以不能合理运用24小时就是因为缺少像核桃饼生产机这样不断机械重复的系统。每天在固定时间做固定的事

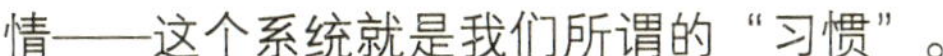

情——这个系统就是我们所谓的“习惯”。

要想实现梦想就要每天坚持训练。而帮助我们坚持长期训练的就是这个不断机械重复的系统了。培养新的习惯就相当于制造一个新的系统，这个系统的工作模式就是“每天在同样的时间段投入同样的时间做同样的事情”。如果没有这个被称为习惯的系统，我们就只能靠意志力来坚持每天训练。意志力有可能软弱，习惯却永远强大。养成新习惯的要领如下：

第一，每天在固定时间段投入固定的时间。例如，习惯早起的人可以利用清晨的时间进行训练。清晨最好的时间段是4点到6点。因为在这时候刚刚起床的我们从头到脚都充满了能量。而对习惯晚睡的人来说，利用夜晚时间就是最好的。晚上的最佳时间段是11点到凌晨1点，因为这时候是一天中最安静的。如果实在抽不出时间，你也可以利用上下班搭地铁的时间来学习。只要一坐上地铁，就全神贯注地投入训练。我认识一个职场人，在地铁上读完了两本厚厚的专业书。他的原则是上地铁就读书，就算喝醉了酒也要读。对他而言，这已经成为一种自然而然的习惯。

第二，养成一个习惯大概需要100天。所以在习惯形成的100天里，一定要用坚强的意志力来保证习惯的顺利养成。例如，如果想把凌晨4点之后的2小时定为训练时间，那么就要每天把闹钟调到4点。这样1个星期之后，即便没有闹钟你也会自觉醒来。可

能最开始的时候，挣扎着起床后你仍然会坐着打盹，甚至一整天都感觉困倦。但一定要坚持，拿出头悬梁锥刺股的精神来严格实行自己设定的计划。只要坚持100天之后，你就会进入一个新境界。起床之后再也不会感觉困倦，生活有了新的节奏感。也许有人会觉得每天4点起床是非常怪异的行为。但事实并非如此。4点起床、7点起床或是10点起床并没什么不同，每个人都有自己的习惯和生活方式，不值得大惊小怪。

第三，为了保证足够的训练时间，要去掉那些可能会造成影响的因素。例如，为了确保早起，就要每天早睡。最好是10点就上床睡觉，再晚也不要超过11点。在这一环节中，找出过去生活中“需要减少、删除或需要改变的”东西是首要任务。例如，我很少在晚饭时间参加商务应酬。因为一旦喝多了我就很难在清晨起床。我总是尽可能把所有应酬都安排在白天。满是美酒和丰盛食物的商务晚宴早在10年前就从我的生活中消失了。清晨是最好的时间段。显而易见的是，想利用清晨做训练的人绝对不能在晚上11点之后回家。也就是说，要想完成训练就要对自己的日常行为进行严格限定。即便是晚上11点到凌晨1点做训练的人，也必须有自己的规章制度和原则性。严格的自我管理是培养新习惯的关键。

第四，专注于一件事。这是打造必杀技的秘诀所在。要想养成好习惯，仅凭100天的坚持还远远不够。我看过不少苦苦奋战却不得要领的人。他们在凌晨4点奋勇地爬起来，却总是对自己醒来之后该做什么没有明确安排。今天起来读书，明天起来看报，心血来潮了就给朋友写信，或者做一些公司里没做完的事情。就这样，好不容易挤出来的时间白白浪费。在训练时间内，我们一定要只做最重要的事情，并坚持每天不停地做。“专注于一件事”——这就是提升自我实力的诀窍。

我喜欢在清晨时段写书。这段时间内我除了写书别的什么也不干。在美好的清晨，我经常感觉自己徜徉在文字的海洋中。一些美妙的句子自然而然地出现在我的笔下，构成一段段巧妙的文章。它们是灵感的蜿蜒，思想的火花，随意却不凌乱，出乎意料却又让我惊喜。那种梦幻般的喜悦是我通过其他任何娱乐都无法获取的。如果在2小时内做许多不同的事情，你就很难体会到那种沉醉的快感。只有当你全情投入于某一件事情中时，你才会感到激情的迸发，发现拼搏的动力。

第五，必须把训练时间内所做的事情列为一天中最重要的事。事实上，每天坚持在固定时间做同样的事情，本身就说明了那件事情的特殊性和重要性。比如，睡觉和吃饭就是我们每天都会做，且喜欢在固定时间做的事情。没有睡眠我们就没有充足的休息，没有吃饭我们就无法补充能量。所以睡觉和吃饭是再忙也必须每天坚持的事情，一旦哪天忘了吃饭或睡觉，生活就会变得一团糟。所以，我们要把训练时间内所做的事情看成与吃饭睡觉一样重要。当你意识到训练内容的重要性时，即便你的毅力再差，也不会觉得坚持100天有多困难了。

这里向大家介绍一位志愿者的故事，他利用每天晨间训练自己的必杀技：

去年9月22日，我在变化经营研究所的主页上发表了一个100天（2009-9-23-2009-12-31）的清晨起床挑战帖。现在已经过去了100天，我的生活也发生了许多变化。

看看我的清晨起床100天实践记录就可以发现，我有时候可以坚持每天按时起床，有时候又不行。

起床时间	日数	比例
4点以前	7	7%
4点整	56	56%
4点—4点半	21	21%
4点半—5点	9	9%
5点—6点	4	4%
6点以后	3	3%

把这样不完美的记录放在网上实在是有点丢人。但我仍然坚持这样做，一方面是为了信守自己的诺言，一方面也是对自己的

肯定。我在一开始就公开宣称自己要早起，所以不管结果是好是坏，都应该给大家一个交代。我为了这个目标作出了很大努力，并自认为取得了满意的成果，所以我愿意把这项记录与大家分享。何况现在还有不少人像过去的我一样，不知道改变应该从何做起，我自己的经历说不定会对他们有所帮助。唯一肯定的是，100天的清晨起床挑战使我发现自己身上有了许多可喜的变化。其中最大的收获莫过于我更有信心了。我第一次发现“说到做到”会给自己带来如此大的喜悦和满足感。这种满足感和自信心让我有勇气迎接新的挑战，开始新的梦想。

我不仅每天主动积极地安排日常生活，还坚持阅读和整理图书，并重新设定了自己的目标和梦想。有目的性的学习和阅读让我找到了许多快乐。

为了鼓舞自己坚持早起，我阅读了许多与早起有关的书籍。在这个过程中，我开始对“习惯的培养和作用原理”产生强烈兴趣。我通过自身经验和对周围的细心观察之后发现，习惯的确对人的一生有着无与伦比的重要影响。我开始检讨自己为何总是无法把决心和目标付诸实施，并深刻意识到正是自己的软弱让那么多梦想变成了空想。

我清醒地认识到，以前我只是一个“做梦者”而不是一个“实践者”。我切身地体会到实践的重要性。最终，我自觉养成了一些好习惯，并有条不紊地安排每天的生活。现在，我对原本遥不可及的梦想和幸福有了信心。这种信心让我养成了更多的好习惯，我会继续朝着梦想大跨步前进。

确定属于自己的梦想并描绘完未来美景之后，我们的任务还远没有结束。我们应该立刻告别旧的生活，朝着梦想迈出脚步，带着坚定不移的行动力。

2010年，我希望自己继续养成每天阅读、写作、思考的习惯。多读、多写、多想不仅是成为好作家的必备条件，更是从“优秀”走向“伟大”的必经之路。

培养习惯的秘诀3
——在小事情上追求成就感

任何一种决心都会有动摇的时刻。自信也会有不可避免的摇摆。事情进展顺利的时候，我们会积极乐观地继续做下去；事情遇到瓶颈的时候，我们就会变得委靡不振。而为了将某件事情培养为终生习惯，我们需要不断制造小的成功，让自己更加积极乐观。

新习惯总是与老习惯作斗争。一旦新习惯在斗争中败下阵来，我们就会被打回原形。一旦我们重新回到过去的习惯和生活方式，我们的改变就宣告失败。而要想让新习惯变得坚不可摧，就一定要取得一些看得见的成效。

哪些是看得见的成效呢？例如，每天清晨起床复习考试内容并取得考试成功，这就是一种小成效；学习外语后能与外国人自由交谈，这也是一种小成效。只要事情的成果能让你对自身产生肯定并获得继续坚持的信心，那这件事就是成功了。我是一个坚持每天清晨写作的作家。因为这样的坚持，我每年至少能出版一本图书。新书诞生的快乐是我每天清晨起床的动力。诸如此类的“看得见的成功”，能让你获得更强的自信心，帮助你扫清那些阻挡新习惯养成的障碍。

变化总是会遇到阻力。变化越大，阻力也越大。没有阻力的变化是不值得骄傲的。因为没有阻力本身就意味着改变失败。要想在与阻力的战争中获得胜利，最重要的就是自信心。自信心是成功之母。我正是在自信心和满足感中成为成功的个体企业家的。

每天在工作时间外训练2小时，要过多长时间才能成为拥有必杀技的专家呢？在这里，让我们用1万小时法则来计算。我们通过必杀技第三步选出了潜力任务。通过必杀技第四步找出了当前工作所不能提供给我们的新核心任务。潜力任务每天需要花的时间至少是工作时间的60%，所以每天需要五六个小时。此外，新核心任务，每天还需要花工作时间之外的2小时。合起来计算，我们每天差不多要用七八个小时来修炼必杀技。照此计算，我们1年大约要投入3000小时。那么3~4年之后就会达到1万小时。也就是说，只需3~4年的时间，你就能达到1万小时的训练量，找到属于自己的终生职业，成为受人尊敬的专家人士。请记住“6+2”法则，这是必杀技第五步的核心所在。如果现在工作中用来修炼潜力任务的时间很难达到6小时，那你至少也要保证工作时间的50%是用来训练的。在这种情况下，每天用于潜力任务训练的时间是4小时。每天训练新核心任务的时间是2小时，一共是6小时。用这样的方式进行训练，就要花5年时间才能达到1万小时的训练量。

现在我们知道必杀技修炼的规律是什么了。是不是有些意外？看似深奥的必杀技修炼，原来只不过遵循着最简单的法则。

现在让我们重新省视自我吧。

找出那些“真我”的东西和不是“真我”的东西。

做那些既能体现“真我”又符合世界趋势的事情吧。

然后进行自我改造，打造一个最优秀的自己。

筑一座桥梁，帮助现在的自己通往职业乌托邦。

这座桥梁需要你每天抽出时间去搭建。

确定日程表，看看你是否正在朝着乌托邦稳步前进。

勾勒出人生财富宏图的进程表

钢琴家鲁宾斯塔之所以浪子回头，是因为他发现天才也需要后天努力。他曾说过这样一段话：

“一天不练习我自己知道，两天不练习乐队知道，三天不练习全世界都会知道。”

大提琴演奏家帕布罗·卡萨尔斯年逾80仍然每天坚持练习，因为他感觉到自己还有进步的空间。“练习成就名家”——这是一句至理名言，也是永恒的教训。只有经过严格的自我管理和刻苦训练，才能将梦想变为现实。只有当你扬起缰绳控制住思想，才能让自己尽情驰骋。历史只记录名家。而那些差一点成为名家的人则注定被历史遗忘。因为他们的故事从古至今都在上演，早已是不胜枚举。

事实上他们与名家之间的差距，只不过在于是否拥有训练心态。

心理学家霍德・凯德诺把“训练心态”称为打造成功未来的必备因素中最重要的一个。他曾经说过，“训练心态不仅会对人的现在产生积极影响，还会帮助一个人拥有更好的未来”。所谓训练的心态，有两层含义。首先，要拥有某种专业思考模式。例如，通过训练之后，一个心理学家会以心理学家的角度去思考问题。训练之后的变化经营家，也会把变化这一主题贯穿生活。其次，要不断地通过计划、实践、反省、再实践来提高自身专业技术。总之，如果从职业的角度来解释“训练心理”，就是至少在一个领域中掌握了该领域的独特认知方式，并随时保持技术层面的进步。所谓的必杀技正是通过训练心态来寻找自我、朝着成功不断靠近的过程。

在必杀技第五步中，为了保持每天进步，我们可以制订一个训练计划。就像每个国家都有经济开发计划一样，个人也应该有自己的开发计划。到现在为止，我们已经明确了我们要去哪里（职业乌托邦和成功故事），要对哪个领域进行集中投资（潜力任务和新核心任务），以及投资预算（在工作时间内投资的6小时以及下班后另外抽出的2小时，即6+2小时）。现在让我们执行计划吧。怎么执行呢？非常简单。绘制必杀技进程图，记录成果并在训练过程中进行严格的自我管理。

所有职业都是一门生意。生意的最终目的是满足顾客。现在让我们试试从顾客的角度重新审视自己的事业领域吧。我坚信，所有的生意都是“帮助顾客的事业”。如果对顾客没有帮助，生意就不可能成功。真正决定我们生意成败的不是与竞争者之间的角逐，而是对顾客所作出的贡献。而所谓贡献力，就是我们顾客对我们的满意度。

决定顾客满意度的因素非常多样。每个人所拥有的顾客满意度都表现在了市场的选择上。因为顾客只会选择那些能够满足自己需求的人。那么，顾客满意度的评价标准是什么呢？最重要的评价标准就是“优越性”、“顾客关系”、“专业性”和“品牌形象”。

1. 优越性：特定领域的优越性。如果某种服务只有你才能提供，那你就拥有该领域的优越性。正所谓“唯一的就是最好的”。

2. 顾客关系：顾客是我们服务的受惠者，也是我们服务的购买者。所有生意都是因为顾客的存在而存在，没有顾客就没有生意。所以顾客关系至关重要。正所谓“我们要让每一个客人都成为回头客”。

3. 专业性：是指我们所提供服务的专业程度。如果说优越性代表了我们的无可取代性，那么专业性则是我们服务品质的保证。如果说优越性是招式华丽的武功，那么专业性就是厚积薄发的深厚内功。正所谓“懂得越多的人走得越远”。

4. 品牌形象：品牌形象越好的商品和服务，销路就越好。

个人也同样如此。专业性和优越性对个人品牌有决定性的影响。如果说专业性和优越性代表了我们服务的实质内容，那么品牌形象就属于消费者的主观认识了。如果我们个人拥有品牌的力量，不仅对我们的就业、升职、个人事业发展有积极影响，还能成为我们个人身价上涨的主导力量。正所谓“我的名字就是市场品牌”。

这4种价值可以说是所有职务和工作中最重要的市场价值。试试以这4种顾客价值为中心，诊断一下自己目前的顾客满意度，再试着预测一下自己的未来顾客满意度。所谓的自我升职就是从我的当前顾客满意度升值到我的未来顾客满意度。如果有一种图表能够帮助我们看清这两者之间的变化，一定会对我们有很大帮助。“进程图”就是这样一种有力的武器。在必杀技进程图上，Y轴代表顾客满足要素。X轴代表我的当前顾客满意度和我的未来顾客满意度。在制作进程图时，我们还可以把刚才提到的4种要素以外的其他要素添加在Y轴上。

在制作进程图的X轴时，首先要对自己的当前顾客满意度作评判。这是一项主观性评判。评价要领如下所示。最好在评价时把平均值定在50%左右。

前10%：具有专业性水准。在专业领域具有不可替代性。

50%左右：业内平均水准。如果你的顾客满意价值在该数值以下，则说明你已经不具备竞争力。

30%以下：在当前工作中有被淘汰的危险。

下面标示出了“我的未来顾客满意度”。在未来，各项任务的顾客满意度都必须达到前10%。但在某些特殊领域，你有可能必须进入前1%才行。要想成为前1%，就要通过必杀技第四步的强化和创造来取得更大进步。

实践游戏9 ★★★

制作自己的必杀技进程图。（1小时）

为了帮助大家更好地制作自己的进程图，我拿出了自己还是经营改革组组长时写的必杀技进程图为大家做参考：

一旦画好了必杀技进程图，就要根据这幅大图制作具体的自律训练计划书，确保每天投入的时间量。换句话说，一定要按照顾客满意要素，即优越性、品牌形象专业性、顾客关系、这4个方向来进行强化和创造，制作训练计划表。只有这样，才能保证1万小时的集中投资，才能让你练就必杀技，成为市场上贡献力排名

前10%的高手。

从现在开始，参考自己的必杀技进程图，按照如下要领来制作1万小时训练计划书。

表10 经营改革组组长的必杀技进化图

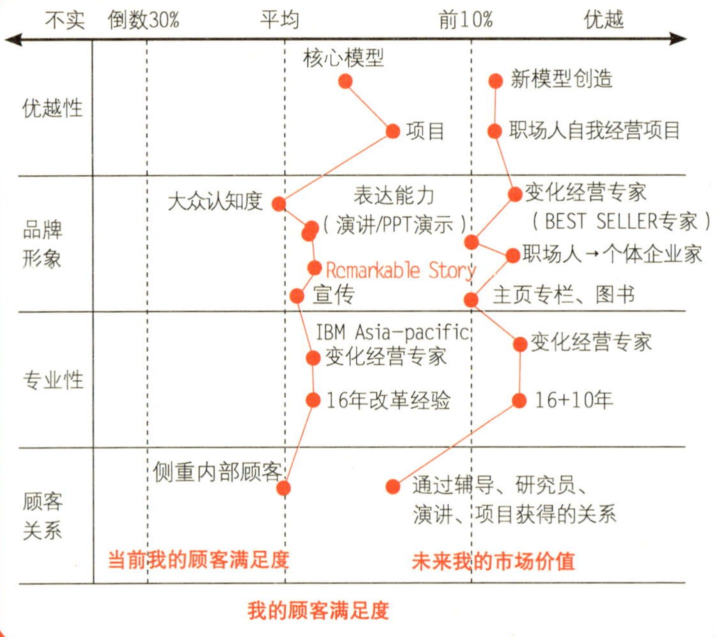

不实　倒数30%　平均　前10%　优越

优越性

核心模型

项目

新模型创造

职场人自我经营项目

品牌形象

大众认知度

表达能力（演讲/PPT演示）

Remarkable Story

宣传

变化经营专家（BEST SELLER专家）

职场人→个体企业家

主页专栏、图书

专业性

IBM Asia-pacific 变化经营专家

16年改革经验

变化经营专家

16+10年

顾客关系

侧重内部顾客

通过辅导、研究员、演讲、项目获得的关系

当前我的顾客满足度

未来我的市场价值

我的顾客满足度

第一，按照4种顾客满意要素进行分组，构成训练内容。同一组别的训练相互会产生积极影响，所以最好放在一起。4种顾客满意要素是任何工作计划的主轴线，所以要让自己的思考围绕这条轴线而进行。为了满足这4种顾客满意要素，我需要具体进行哪些修炼？这是第一个问题。

FOCUS GROUP 1 优越性

你的必杀技是不是独一无二？

FOCUS GROUP 2 品牌形象

市场是否记住了你的名字？

FOCUS GROUP 3 专业性

你是否对你的领域无所不知？

FOCUS GROUP 4 顾客关系

顾客会再次来找你吗？

第二，修炼的内容必须清晰明了。GE的前任CEO杰克·维尔兹非常喜欢新颖的咨询简介和简洁漂亮的提案。他总是对咨询家们提出的闪光建议充满兴趣。但是对于实践他有一个原则：绝对要简单明了。他曾经一再强调，简单是实践的本质。

我非常同意他的观点。实践的方法必须简单明了。动作太多太复杂，能量就无法集中，自己也会感觉枯燥无趣。在实践

时我们最好能够列出几个大项，这几个大项就是必须遵守的实践准则。

第三，修炼项目必须是具体且能够看到可视性效果的。一定要让你的训练内容可以轻松导出结果。重要的一点是，至少也要以周为单位总结训练成果。项目必须简单，但实践的方法需要仔细地记录，这样我们的实践才会有效果。

例如，如果决定读书，那就要预先写好6个月或是1年的读书计划。如果每天读2小时，那就要写清楚2小时内读什么书，读哪些部分。如果决定画画，那就要计划一周画一幅、一个月画4幅这样才行。写作、家具制作、案例研究都是同样的道理。要想坚持练习，可视性成果（小胜利）是非常重要的。只有看得见的成果才会让我们感到希望、自信和喜悦。充满喜悦的小成功能让我们把训练当做是愉快的游戏而非痛苦的劳作。下面是一些可视性成果的例子：

例1　每周读一本HRD相关书籍并作总结。

每个月总共读4本，并对每本书的内容作总结。总结内容要以文档形式放在电脑中显眼的位置。如果只阅读不整理的话就会很快忘记。整理的过程中你会对书有更深的理解和全新的认识。这就是阅读的秘密。

例2　每周写一篇读书笔记放在自己的博客里，18个月之后出版。

要想打造个人品牌，就要积极考虑出书。因为拥有专业著述会对4个顾客满意要素产生积极影响。首先，写作本身就有很强的学习效果。因为写书的过程中你必须对特定领域进行研究，记录自己的经验和学习过程，这本身就是一笔财富。其次，拥有著述能够提升你的品牌价值。最后，如果你的作品大卖，媒体报道、采访、通告就会接踵而至，你可以通过媒介宣传自己的个人品牌。总之，拥有自己的作品在个人市场层面上来讲有着决定性的积极影响。

你不必担心自己写得不够好。只要你的内容实用性强且具有建设性，那么即便文字表达能力上略有不足，也不会影响你的书出版。因为只要读者能够理解你的意图就能充分传达书的价值了。有了这种看得见的成果，你才会有动力去不断实践。有了看得见的成果，你才不会轻言放弃。试想哪有胜券在握的运动员主动放弃比赛的呢？

第四，避免在相同时间段内同时进行多个训练活动。我们必须有顺序地、分阶段地进行实践。“一次一个阶段，一次一个任务。”野心不是什么坏东西。但如果野心走在实践的前面，必然会导致梦想提前夭折。尤其是在做新核心任务时，一定不能把几个任务混在一起做，那是非常没有效率的行为。例如，如果你想

把2小时分配成1小时读书，1小时写作，那样就不好。因为不论读书还是写作，花1小时去做都太少。所以你只要选其中一样去做就好。另外，如果你用2小时读书或写作之后还有余力去准备考试和学习英语，那就不要同时训练多个项目，要一个一个慢慢来。一个任务达到一定水准之后再进行其他训练——这就是我们训练的原则。

第五，在针对“顾客关系”进行改善时，最好与项目同伴一起合作。团体合作可谓是好处多多。我在带领经营改革团队的时候经常对组员们这样说：“我的梦想是把我们的团队培养为大韩民国最优秀的精英改革团队，而不仅仅是优秀的团队。也就是说，我们不能只做公司分配的任务。我们要自己找事情做，自己去实践，自己去攀登顶峰。”

团队合作总是充满乐趣的。在团体作业中，最好能够设定一个项目，既能够强化团队合作精神，又能使组员之间互相帮助增加凝聚力。组员之间志趣相投又合作愉快，这样的团队以后还可以一起创业。

现在开始，以上面5个提示为基础，制作自己的自律训练计划书吧。请记住：最优秀的计划是能够轻松实施并能持久实施的。不要让自己一下子做太多的任务，一定要有先后顺序，并将一两个重要任务排在前面。

从当前客户满意度跨越到未来顾客满意度，也许需要3年，也许需要5年，也许需要10年。预测到达未来顾客满意度所需的时间时，请记住“1万小时法则”。所谓的1万小时法则，是马克·格莱德维尔在《离群者》一书中提出的概念，意思是“要想在任何领域成为专家，都至少需要投入1万小时”。这并不是什么新概念，只不过是把大家都懂的道理说得更生动具体。如果按每天投入3小时来计算，要想完成1万小时的投资就需要花10年。所以过去也有一种说法是“10年法则”。只有花费10年的心血，你才能在一个领域达到精通。如果每天投入的时间量增大，那么不用1万小时也能达到目标。如果每天投入6小时，那么1年就能投入2000小时。这样的话，5年就能成为排名前10%的专家。假如再为自己多投入一些时间的话，3年你就能够成长为专业领域的精英。实践与投入的时间量成正比。如果你保证每天6+2小时，那么必杀技的训练一定会非常顺利。

时间投资的关键是要找对方向。即我们必须把时间花在完成“成功故事”上。因此，我们有必要对时间投资状况做详细记录。

要么不做梦，要么做大胆的梦。所谓大胆的梦，就是那些看上去不可能实现的梦。当然我们也知道，梦想总会遇到阻碍。没有阻碍的梦想算不上梦想。为了让自己不断确信成功故事并非虚妄想象，我们必须让梦想变得具体，让梦想这只小狮子长出锋利的牙齿。只有这样我们的梦想才有威力，它不是软弱的小老鼠，

它是一头蓄势待发的小狮子，随时都会一口咬上来。

过去10年间，我以个体企业家身份独立工作。那的确是一种非常令人满足的生活。更令我满足的是将来我还会一直这样生活下去。我将终生从事写作，并时不时穿上得体的西装，系上帅气的领带，在讲台上自信演讲。我每年还会结识一些新朋友共同学习。在不断完善必杀技的路上，我感到无比幸福。

通过独自工作我发现，严格的自我管理至关重要。人是极容易松懈懒惰的，以至于我常常觉得成功也可能会断送我。因为在艰难困苦的时刻，我总是精神紧张，为了发挥最高智慧而不懈努力。现在享乐让我的神经麻痹，让我懒惰。每当我感到自己松懈时，我就会脱下外套，独自去寒冷的山路上行走。在刺骨的寒风中，我才感觉到自己是需要奋进的。

汽车之所以能够用最高速度行驶，就是因为有刹车。刹车能够控制汽车的停止或启动。谁都不想开只有油门或是只有加速器的车。因为那样的车根本不能称为车。坐在车里的人要么会被吓死，要么就在车里面困死。就像每个汽车都有指示表一样，我们的人生也需要一个能够显示方向、速度和当前状况的指示表。

如果有一天我们像那些经验老到的司机一样，不看指示表也能熟练操作，那时我们就成了人生的高手。在那之前，我们还应该学会坚持自我。坚持自我与自我管理同样重要。当代最佳乐队之一QUEEN的主唱曾经这样说："以前我们也曾经无可奈何地妥协。但是在编辑歌曲时，妥协这种事就会被我们抛在脑后。"一旦定下来就绝对无法妥协的规则，这就是为了在这世界重获自由而绝对不能妥协的自我原则。

结语

必杀技让你变得与众不同

平凡是一种缺陷。摆脱平凡的秘诀就是集中力量在一件事上追求卓越。即便是极其普通的人，也能在经过刻苦训练之后成为某个领域的精英，从平凡变得不平凡。是的，你的必杀技就潜藏在那无可替代的专业领域中。

我们的必杀技之路开始于一个重要问题——“我因什么而变得有名？”你一定记得，在必杀技第一步中，我们曾经面对这个问题困惑不已。因为那时平凡的我们的确找不到足以让自己变得有名的东西。我们就是从那个时候开始练习必杀技的。正所谓知耻而后勇，当我们意识到自己没有拿得出手的本事时，才有动力去改变自我。现在，让我们对之前学习的必杀技修炼法进行回顾。首先是找到自己的天赋和才能。每个人都有与生俱来的才能，那是上天赐予我们的礼物。决定成功的重要因素是才能的发挥程度而非才能的大小。才华横溢却不懂得发挥的人比比皆是。将自己所拥有的才华发挥到极致的人却是少之又少。总之，我们一定要找出自己比别人做得更好的部分。

其次，集中培养自己擅长的领域。如果某个领域让你备感压力，那你最好就不要费尽心力去完成它。与其弥补短处，不如尽你所能去培养长处。只有这样，你才能拥有随时随地都拿得出手的优势项目。你必须把所有的精力、财力、时间都投入优势项目中。这就是“把平凡变得不平凡的秘诀所在”。

最后，你要把训练培养成习惯，并不断坚持。任何事要想长期做下去，都必须借助习惯的力量。如果没有习惯，就很容易半途而废。要想跨越阻碍到达非凡的境界，就一定要借助习惯的力量进行日常训练。请记住，一定要每天坚持训练。

我的优势是写作。虽然我也算不上什么天才，但我至少能够将内心的想法用比较优美动人的文字表达出来。我给自己制定的最低标准是每年出版一本满意的图书。长久以来，我一直坚持每天清晨起床写作且每年出版一本新书，至今为止我已经坚持了10年，以后我还会一直坚持。现在，清晨写作已经变为我生活中必不可少的一部分。通过每天的坚持训练，我终于成为了作家。

必杀技训练让我感触良多。我知道长期坚持并不是一件容易的事，对生性懒散的人而言更是如此。不少人曾经对我清晨写作的习惯表示难以理解，更对我每年高频率地出书感到不可思议。说实话，如果不是我深爱写作的话，早就半途而废了。我能够长期坚持大概还有另外一个原因，就是我除了写作之外没什么别的特长。也许正是因为如此我才会长期专注于写作。也许正是因为我对写作的热爱，我才会心甘情愿地每天早起。

要想做到最好，就要坚持每天练习。练习会让你从雏鸟变成雄鹰，能展翅高飞，自由翱翔。我曾经听过一个震撼人心的故事，我把这个故事称为“必杀技修炼者的必读教程”：

这是一位在战争中身负重伤的军人。他全身上下除了眼睛和下巴以外，所有的肌肉都不能动弹。病床上的他备感绝望，只有把注意力转移到阅读上才能保证自己不会精神崩溃。他请人在床上装了一个吊板，方便自己能够随时读书。阅读让他变得安静平和。过了不久，他突然想到自己以前一直很想学打字。于是他请人把打字教程放在了吊板上。他首先背诵了所有的字版。在打字机上按下相应的字版，就能打出一个个单词。但是瘫痪在床的他什么字也打不了，唯有每天在心里默默练习20~30分钟。几个月之后，经过艰苦的复健训练，他的手脚终于开始恢复知觉。他恢复后的第一件事就是测试自己的打字能力。他很好奇自己的内心练习是否能在实际操作中发挥作用。他来到医院的办公室，平生第一次把纸放入打字机，然后尝试用手指按动字版——原来这就是他每天躺在床上默默想象的字版。他轻轻地将手指按了上去。出乎意料的是，手指竟然像跳舞一般在字版上舞动起来。这是他生平第一次打字，但他竟然在1分钟内敲了55个单词，且没有一个错字。这不能不说是一种奇迹。

40岁以后，人会变得越来越依赖习惯。因为习惯的力量如同年轮，随着时间的增加不断变大。作为普通人，我们必须有属于自己的优势领域。练习成就名家，岁月雕琢人生。我的目标是成为变化经营领域最好的作家。我希望自己不仅是专家，更是思想家和诗人。这是我为自己设定的人生道路，也是我的梦想。我会踏着愉快的舞步在这条道路上坚持行走。

能找到从事终生的事业，是一种缘分。一件事情做得越久，我们就能做得越好，继而领悟到事情的精髓，最终发现那就是自己生存的动力。“你天生就是干这个的”——这对一个专家来说是最好的称赞。专家是与岁月共同成长的人。他们懂得如何用岁月把人生装点得更精彩。当你对一个领域无所不知时，你会惊奇地发现经过某种神奇的化学作用，你对其他领域也变得一点即通。这是因为世界上所有事情其实本质原理都是一样的。现在想一想吧，什么是你的终生职业？你要怎样才能掌握世界万物的本质原理？

附录1

优点目录表

在这一优点目录表中，为避免不必要的混乱，我们并没有把实践技能和个人品质分列开来。值得注意的是，在寻找自身优点时不仅要找出自己比别人强的地方，还要找出自己比较有自信的技能或品质。下面的目录中包含了大部分通常我们所认为的优点，在整理过程中我参考了如下书目：

《发现一个伟大的自己，优势革命》马克思·博金·怀特

《把自己变为奢侈品》理查德·N.波尔斯

《肯定心理学》马丁·赛尔里克曼

《多种机能》霍华德·卡德诺

优点目录表：

一			
教育能力	假想能力	歌唱能力	鉴赏能力
感知能力	感情（鉴定）能力	授课能力	概念结合能力
概念化能力	发散思维能力	改善能力	客观化能力
鼓舞能力	决心坚持能力	倾听能力	计算能力
计划设定能力	发明能力	空间利用能力	共鸣能力
工艺	关系维持能力	管理能力	观察能力
精细能力	装饰能力	均衡能力	绘画能力
写作能力	器械操作能力	记录能力	技术学习能力
记忆力	企划能力		
二			
乐观主义	单词连接	音乐	逻辑性
游戏开发	游戏进行	有眼力见	有效率
三			
多愁善感	果断	对话能力	道具使用能力
公式化能力	挑战性	独立性	照顾能力
鼓动能力	动物亲和力	设计感觉	

四			
整理能力	品味能力	模仿能力	目标执行力
问题解决力			
五			
节奏感	反驳能力	创造能力	关照能力
翻译能力	给予能力	奉献能力	归类能力
分析能力	分解组合能力	比喻能力	批判思考能力
六			
思索能力	商谈能力	想象能力	常识丰富
设计能力	说服力	说明能力	勤劳
带头能力	率直	修理能力	收集能力
包容力	胜负欲望	植物亲和力	信念
值得信赖	慎重	执行力	实验能力
审判能力			

七			
乐器演奏	通知能力	广播能力	辩论能力
旅行能力	连接能力	演讲能力	激情
灵性	列举能力	预算评估能力	预知能力
服装设计	外语听力	外语口语	烹饪能力
缩写能力	勇气	运动培训	运动能力
驾驶能力	原则性	幽默	通融性
支持能力	意义掌握能力	沟通能力	图形联想能力
编故事能力	理解力	搞笑能力	交际能力
忍耐力	应变能力		
八			
反省能力	自我检查能力	自我主张	作曲能力
再定义能力	再检查能力	储蓄能力	适应力
清点能力	切除能力	整顿能力	整理能力
拼凑能力	远景规划能力	调查能力	建言能力
造型设计能力	综合能力	主导能力	仲裁能力
制度参考能力	制度制作能力	领导力	诊断力
进取心	提问能力	坚持能力	集中能力

九			
冷静	创意	阅读	责任感
听音能力	体制化能力	摄影能力	推理能力
推进能力	跳舞能力	缜密能力	亲和力
十			
卡片制作	非凡指导力	协调能力	
十一			
口译能力	统率能力	洞察力	整合能力
投资能力	趋势把握能力	组织能力	
十二			
销售能力	编辑能力	评价能力	包容能力
阅人能力	表现力	项目打造能力	
十三			
研究能力	核心掌握能力	献身能力	改革能力
现实性	协同能力	协商能力	好奇心
独立性	扩张能力	活跃性	灵活运用能力
效率性	会计能力	恢复能力	效仿能力
用力的能力			

附录2

必杀技项目参与者的成功故事

向参加必杀技项目的志愿者提出以下问题!

1. 你为什么报名参加必杀技项目做志愿者?

2. 在训练过程中你遇到哪些困难?

3. 所有训练结束后你的感想是什么? 你有了什么改变? 你所找到的自己的优势是什么?

4. 你认为什么是必杀技?

高凡灿　知名企业研究组　人才开发 HR

1. 因为我想做真正的自己。当有人问我“卸下所谓的公司职务，你是否还能称自己为专家”时，我希望我能够肯定地回答

"YES"。我希望通过自己的成长来帮助更多人成长。我最初的选择是做HR。我认为这是我最擅长也最喜欢的工作，我为成为一个优秀的HR作了充分的准备。令我感到欣慰的是，现在我也开始帮助别人成长。

初入职场时，大学时期学习的HR知识和经验给了我很大帮助。我甚至认为自己很快就会成为HR专家。但进入公司还不到1年，我就感觉自己仅有的那点知识完全不够用了。我就好像一场拉锯战中的士兵，明明弹尽粮绝却只有苦苦支撑。我内心深处感到恐惧。我禁不住问自己：失去公司这层保护罩之后，我还是一个可以自称为专家的人吗？我是否还拥有无可取代的竞争力？这些问题让我无言以对。我知道，我必须丢掉所有的骄傲自满，重新出发。正好这个时候我听说了必杀技训练项目。为了成为真正的职场高手，我毫不犹豫地报名参加了。

2. 我的终生职业真的是它吗？要寻找让自己一辈子衣食无忧的终生职业并不是一件容易的事。在寻找过程中，我经历了对人生和事业的各种困惑。我认为，最重要的就是对自己的梦想充满信心。但是我时常会忍不住怀疑，这种信心是不是盲目乐观?

具本亨老师是我的偶像。在训练的最初阶段，几乎所有的训练项目都是在具本亨老师的耐心指导下才得以完成。但不久之后我却发现，最初设定的人生理想并不是我真正向往的。我感觉训练遇到了瓶颈，那一段时间是最为痛苦的。直到我鼓足勇气改变自我，并重新设定“自我升职咨询师和CDP”作为自己的职业理想，才感觉内心变得轻松。

3. 世界上没有免费的午餐。要想获得必杀技，就要投入时间和金钱。不劳而获是一种流氓行为。而现实中流氓还真不少。比如，许多人都会在新年伊始之际立志今年要学好英语。他们一方面希望自己的能力突飞猛进，一方面又坐以待毙。我就是这群流氓中的一个。直到参加必杀技项目之后，我才意识到从前的自己是多么可耻。在训练的这段时间里，我经历了许多挫折，但更多的收获是成长，现在的我比从前更坚强。

通过这一项目，我还认识了许多和我一样渴望练就必杀技的朋友。我们每个人都有属于自己的故事。在训练中，我们互相倾诉，互相鼓励，借此而获得了共同进步的动力。对我而言，必杀技训练是一段充满美好回忆的旅程。

4. 人有了脊椎，才能以坚强而挺拔的姿态站立。我认为对职场人而言，必杀技就如同脊椎一般重要，因为只有掌握了必杀技，你才能依靠自己的力量大步向前。

宋大光　大学人事部　人才开发 HRD

1. 因为我感觉自己已经忘记了心脏为何而跳动，忘记了每天为何而忙碌。我的生活充满焦虑，急需改变。我希望每天清晨醒来时，我能够在充沛的能量中感觉到自信和愉悦。我希望生活的每个瞬间更加幸福，并希望把那幸福与我的儿子和亲朋好友共同分享。

正在我感觉自己需要改变时，必杀技训练项目走入了我的视线。是必杀技项目让我原本模糊的梦想变得清晰，让我找到了通往梦想的光明大道。

2. 我感觉把自身优势与当前工作相结合，并寻找潜力任务是非常困难的一步。即便我找出了自身优势所在，但当优势与当前任务相结合时我又会禁不住怀疑：这真的是值得我集中训练的潜力任务吗？在这一阶段中我一直徘徊不前。

3. 通过这次项目我总结出了一条成功秘诀："做伟大的梦想，每天制造一点小成功。"不起眼的小成功在实现梦想的过程中发挥着巨大作用。从前的我没有梦想，也不知道自己的才能和优势所在，每天都过得非常辛苦。通过这次必杀技训练项目，我才发现梦想在每天的日常生活中一点点变得清晰起来，这给了我很大鼓舞。

本次必杀技项目的另一收获是，我领悟到自我管理能力的重要性。要想享受精彩的人生，就要对自己的行动和情感进行有效管理。而在自我管理中，最重要的就是坚持每天一点点的小努力。通过这次必杀技项目，我发现自省能力和语言能力是我的优势所在，只有尽情发挥我的优势才能进步。在训练过程中，我读了许多与冥想修炼、外语学习、经营心理学等相关的书籍，使我在具体的工作中找到了自己的长处所在。

4. 必杀技是梦想的垫脚石，是现实与乌托邦的交界点。必杀技既是挖掘自身优势和梦想的过程，又是将梦想在日常生活中付诸实践的过程，它是由一个个不起眼的小成功会聚而成的美丽旅程。

到现在为止我还没取得什么成就，每天都会遇到一些挫败。但我渐渐开始明白，什么是我要走的方向，什么是我为了实现梦想必须付出的代价。尽管路途遥远，但我一定会朝着目标稳步前进。

柳贤淑　重工业　朝鲜海洋领域　环境经营技术

1. 尽管我是一个职场人，但我始终觉得自己不属于职场。我感觉在职场中的我每一天都是行尸走肉。我一直在苦苦寻找自己的人生目标，希望自己有一天能够离开职场，重新开始。

“月薪奴隶”的身份让我感觉很不安。我希望自己能够尽快离开缺乏安全感的职场，找到属于自己的专业领域。抱着这种心态，我参加了必杀技训练项目。

2. 在选择必杀技时，我总害怕自己选出的东西实际操作性不强。但当前阶段并没有什么检测实际操作性的办法，所以我在这一阶段停留了很长时间，感觉自己没有信心继续后面的修炼。在确定自己的必杀技时，我总觉得这个任务也可以，那个任务似乎也不错，于是左右为难不知如何是好。

3. 我认为必杀技修炼中缺少一种验证实效性的手段，或是保证实效性的具体规则。我曾经请女朋友帮我验证训练成果，但她也不知道如何验证。所以我认为必杀技训练中应该添加检验成果的步骤。此外，我在训练中感受到了改变习惯的艰难。要培养一个新的习惯，必须不断确认这个习惯养成的必要性，并找到让习

惯坚持下去的动力。总之，新习惯的养成非常不容易。

通过必杀技，我看到了实现梦想的可能性。我发现即使自己继续从事以前的工作，也能找到新的奋斗动力。总之，是必杀技项目让我找到了通往未来职业领域的道路。

4. 必杀技是一种长期养成的习惯。它有一种非常强大的力量，能够帮助你构筑起成功人生。为了让必杀技转化为你的终生习惯并发挥出最大效果，你必须每一天、每一月、每一年不断地揣摩和练习。

李冠罗　知名企业电影事业部　HR&采购（总务）

1. 我感到每一天都充满恐惧。我像一个影子，在黑暗来临之后找不到自己的存在。正当我感到人生被恐惧所笼罩时，变化经营研究所主页上招募志愿者的公告映入我的眼帘，我立刻给具本亨所长打了电话。我后来还反复询问过几次，想确认这个项目是否是我所需要的。

事实上，四十五六岁的我每一天都被焦躁和不安所笼罩，我想找到一种方法逃离这焦躁不安的空间。我想找到我真正热爱的东西，我想找到充满价值并让我感到幸福的终生职业。必杀技项目就是一座美丽桥梁，让现在的我和将来的我不期而遇。

2. 最大的问题就是现实与未来的衔接问题。我们的第一个课题是把自己当前的工作和未来的职业相连接。但是在目前工作中寻找未来并不是一件容易的事。我后来想出的解决办法是拿过去的自己与现在作比较，继而从现在看未来的自己。

另一个难题是必杀技的时间投入量。如果我和其他人选择同样的投资时间，那么我也很难脱颖而出。于是，我准备用更加特殊的时间段来修炼。“清晨4点”——这个大部分人在沉睡的时间段是一天中最自由的。在这时间段我们没有任何人的干涉，可以享受充分的自由。但获得自由并不是那么轻松的事。直到现在我都觉得清晨4点起床非常痛苦。

3. 在修炼过程中，我们这群志愿者相互鼓励，在具本亨所长的领导下持续进步。是具本亨所长让我们找到了过去沉睡的自己，并看到了未来的希望。所谓选择，就是留下最好的，放弃其他的。现在的我只专心于一件事情，并为那件事情而感到幸福。

我曾经与女性共事很长时间(大约有15年)，并在服务组织工作多年。直到现在还担任与女性相关的培训工作。我相信在不久的未来，女性会成为社会和经济领域的主力军。我将结合自己的过去、现在与未来，打造最美丽的终生职业。

4. 一句话，必杀技就是未来的职业。

周先圭　媒体公司广告部　广告销售

1. 经历8年的职场生涯之后，我感觉自己遇到了瓶颈，需要改变。尽管我的业务水准越来越熟练，但我丝毫没有追求进步的想法，总是浑浑噩噩地过日子。我不想继续这样腐朽下去，所以参加了必杀技项目。

2. 我认为第一步和第二步中的寻找细分任务的必备技能、向上司询问任务重要程度、按照适合度为任务评分这一连串任务都很难。即便我自信满满地完成了任务细分，也会在随后的必备技能、重要度、适合度分析中渐渐怀疑自己。

3. 目前我还不敢说自己已经找到优势了，只能说我已经懂得如何快捷有效地找到自身优势。我会按照这个方法一步步慢慢前进。以前我也曾经尝试一些自我升值训练，但总是做一会儿就失去耐性半途而废。现在我参加了必杀技训练，一切变得不一样了。我开始每天早上早起训练。这样的生活方式让我重新找到了活力。

4. 必杀技就是我的引路人。不管我以后走在哪一条路上，它都会保护我，鼓励我大步向前，并让我每一步都走得充满快乐。

崔胜宇　制造业　信息安全部　销售

1. 我曾经看过一部电影叫《黑客帝国》。在电影中，主人公面临了一个艰难的选择：是活在假想世界还是回到现实？最后通过同伴的一颗药丸，主人公在现实世界中睁开了眼睛。于是他发现，原来自己一直想念的世界并不是那么美好。假想世界固然不完美，但和现实生活相比又显得好过得多。

对我而言，2009年就好比《黑客帝国》中主人公吞下的那颗药丸。正在我自以为过得还不错时，几个人生问题突然扑面而来。“你懂些什么？”在回答这个问题之后，我开始梦想那些我所渴望的东西。那些以前看上去安定平和的生活、事业、家庭突然变得不一样了。“你能做什么？”面对这个问题我不知如何回答。正在这时，我发现了必杀技训练项目。我感觉自己的确是太走运了。

2. 参加必杀技项目的其他成员，通常都在当前工作的基础上找到了自己的梦想（未来的职业）。但我现在的工作和我梦想中的工作几乎是南辕北辙。所以如何将这两个领域结合起来，成了摆在我面前的最大难题。我至今都还为此而苦恼。

3. 必杀技训练项目已经结束了。但结束之后我内心仍然有许多疑惑。其中最大的问题就是“如果按照现在这个方向和速度前进，我真的能够离未来的梦想更近吗？”这个问题我至今没有答案。所以我总是不断检查自己的训练计划，调整在P领域和DREAM HOUR 凌晨2点投入的时间量。我懂得了如何为自己渴望的生活调整方向和速度——这就是参加项目后我的变化。

4. 我认为必杀技就是5W1H。

修诺·纳米的书中曾有这样一段话：“罗马不是一天建成的。男人不是一天就长到40岁的。30岁到40岁的生活决定了你40岁之后的结果。三十几岁的徘徊不可怕。可怕的是你不知道自己要做什么，该怎么做。只要你在三十几岁储备了充分的能量，那么到了40岁你就可以毫不动摇地稳步前进。”

我（WHO）这个主体因为梦想（WHY）现在（WHEN）在这里（WHERE）为了什么（WHAT）而怎样做（HOW）？必杀技就是这个问题的答案。因此，只要通过必杀技储备充分的能量，你就能离梦想更进一步。

东健　制造业市场企划部门　市场

1. 我很想知道怎样通过自己手头的工作来培养优势。此外，我希望和许多拥有同样困惑的朋友走在一起，相互倾诉相互鼓励。最重要的是，对于找不到终生职业且缺乏行动力的我而言，改变自己的机会至关重要。参加此项目后，我开始有了一些小小的变化。

2. 我觉得最难的部分是从目前的工作中寻找职业乌托邦。我总感觉我所作出的选择不是我内心真正向往的东西。“市场战略分析师”这一称号并不能让我感到热血沸腾。但是就像《富有的奴隶》中罗伯特·莱西所说的那样，“在成为专家之前，你是无法完全爱上你的事业的”。目前我还不是专家，所以我无法确信到底是我在逃避困难，还是我天生不属于这一行。我也不知道自己内心真正向往的领域，究竟是真实的渴望还是虚假的幻象。

尽管我对自己的职业乌托邦还不敢确定，但我知道我的才能所在。我擅长写作、培训和设计。我想按照具本亨老师的建议，充分利用自己的写作能力，试试看能不能靠写书来养活自己。为了达到这个目的，我决定对自己10年内的工作进行系统化整理。一边探索梦想一边完善现有工作——这似乎是一种两全其美的办法。目前我的整理还在进行中，不知道结果会不会令人满意。

3. 参加项目以后，我从11月开始到现在，每周平均有4天以上在规定时间内做计划好的事情。如果定好的时间有别的事情，我也会利用别的时间把训练补回来。与此同时，我还养成了另外一个新习惯，就是每天写变化日记。坚持在规定时间进行训练以及写变化日记的习惯，让我渐渐对自己更有信心。此外，我还发现了自己有一个优点是“说到做到”。总之，现在的我相信自己有朝一日定能练就必杀技。

4. 对我而言必杀技意味着什么？我觉得它意味着存在本身。它是一面镜子，把我内心深处的信念、价值和思想清晰地反映出来。它能让我忘记自己的存在，全情投入奋斗之中。

崔庆元　大学教务部　人事HR

1. 在我读大学的时候，我就读了具本亨老师写的《雇用你自己》这本书，当时就感觉深受震撼。我经常去老师的主页，并试图寻找可以参加的项目。在这种情况下，我幸运地进入了必杀技项目中。

必杀技项目，光是这个名字就让我心驰神往。我从小就喜欢玩网络游戏，直到最近几年还沉醉其中。但是现在我不知不觉三十五六岁了，比起网络游戏中角色的成长，我开始更关心现实生活中自己的成长，想到已经三十五六岁的我一无所成，到了40岁真不知道该怎么办。

我下定决心从现在起刻苦练习自己的优势，打造属于自己的必杀技。另外，经过一番深思熟虑，我意识到目前所在的大学很难为我提供打造终生职业的平台。

2. 尽管参与项目的志愿者都是职场人，但在事业单位工作的我仍然感觉到和其他企业职场人有些格格不入。在项目中适应与他们相处是我遇到的最大困难。

此外，最开始的任务细分工作也让我感到非常困难。一开始我只是简单地把工作一个个列举出来。例如，公开招聘教授、任用有发展潜力的教员、招聘助教等。这样的细分方式让我发现，一个工作中所包含的细分任务和其他工作中的细分任务有许多重复。

所以第二次分类的时候，我决定在列举的基础上进行二次细分。即寻找各个任务的共同点，把相同的任务整合为一个大项。例如，公开招聘教授这项工作中有企划，招聘潜力教职员工这项工作中也有企划，把这两个企划合在一起写成“制定企划”就可以了。

除了上面提到的问题外，我还遇到一些更大的难题。比如如何寻找自身优势、如何打造自身专业性和优越性、如何找到属于我的顾客群体等问题。对于在学校而非企业工作的我来说，这些问题非常难解决。事实上，直到现在我也没找到很好的解决办法。所以项目结束之后我还会继续努力。最近我读了一些相关书籍，对这一部分也有了一些新的理解，目前正在制作最新的必杀技计划。

3. 项目结束之后，我对必杀技仍然充满兴趣。由于时间实在太短，我还没能完全找出自己的优点并进行培养。必杀技训练不过是帮助我设定了一个框架。现在我还在为必杀技修炼而不断努力。

参加必杀技训练项目后，我每天6点起床，读2小时的书。最近我读了不少与必杀技开发相关的书籍。通过文勇林的《智力革命》一书，我找到了自己的优点。我的优点是逻辑思维能力和反省能力。在了解自身优点之后，我决定在日常生活中尽量发挥自身优点。

最开始，我认为自己的职业理想是“业务程序专家”。但现在看来，我更感兴趣的是老师在第一次发表会上提到的“HR领域”。我的最新目标是成为“政府机关的HR专家”。HR的相关书籍非常多，我希望自己能在未来1年时间里大量阅读相关书籍，并努力打造属于自己的致命职业武器。

4. 对我而言，必杀技就是一种永恒延续。和所有人一样，我也将渐渐老去直至死亡，最后尘归尘土归土。但是我相信，只要我在时代的浪潮中找到了属于自己的真正必杀技，我的名字就会被永远记住。这与永生是同一个道理。在遥远的将来，只要有人还在使用或完善我的必杀技，我就是继续活着的。优秀必杀技是我生命的永恒延续。

张东园　顾客沟通领域　市场

1. 到今年为止，我已度过15年的职场生涯。我希望自己能够在职场生涯的第20年到来之前走出公司做自己想做的事情。但现在我并不具备走出公司所需要的专业技能和个人品牌。我认为必杀技修炼不仅能让我把公司的工作做得更好，还能帮助我更好地打造个人职业，规划美好未来。

2. 我认为比较困难的部分是对目前工作进行转型和再创造（第四步），并与未来职务相结合。通过职务分析后我发现自己的优势是战略设定、概念结合、号召力，而我目前的职位是管理(Generalist)。所以我认为，我必须通过必杀技修炼找到一份能够创造价值的专业领域。

我给自己设定的未来职业是出版市场企划兼作家。但我现在还不知道自己的第一本书应该写什么主题。如果写与通信公司市场经营有关的内容我自然得心应手，但读者是否喜欢就是问题了。还好最近我在整理个人履历的过程中发现“沟通”这一话题似乎很有意思。要是在必杀技训练开始之前整理完自己的个人履历，我就能把成功故事写得更精彩了。

3. 我认为如果能找到一种可行性方案，把未来职业与具体场景结合，用细节展示目前工作与必杀技的联系就最好了。通过这次的必杀技修炼，我了解到了什么是成为作家所必需的素养，什么是我应该选择与放弃的东西。此外，我从创造游戏之一的“书与讲演”开始结识了许多伙伴，又通过职务细分的过程中找出了独属自己的优势，实在是成果颇丰。

4. 我认为必杀技就像老婆，只要好好疼它、爱它，它就会帮助我过上更好的生活。